读《论语》学做人

学做人

钱逊 著

辽宁人民出版社

图书在版编目（CIP）数据

读《论语》 学做人 / 钱逊著 . —沈阳：辽宁人民出版
社，2021.7
ISBN 978-7-205-10174-9

Ⅰ . ①读… Ⅱ . ①钱… Ⅲ . ①儒家②《论语》—
研究 Ⅳ . ① B222.25

中国版本图书馆 CIP 数据核字（2021）第 045442 号

出版发行：辽宁人民出版社
　　　地址：沈阳市和平区十一纬路 25 号　邮编：110003
　　　电话：024-23284321（邮　购）　024-23284324（发行部）
　　　传真：024-23284191（发行部）　024-23284304（办公室）
　　　http://www.lnpph.com.cn
印　　刷：北京长宁印刷有限公司天津分公司
幅面尺寸：145mm×210mm
印　　张：7.75
字　　数：172千字
出版时间：2021年7月第1版
印刷时间：2021年7月第1次印刷
责任编辑：蔡　伟　贾　勇
封面设计：乐　翁
版式设计：丁末末
责任校对：冯　莹
书　　号：ISBN 978-7-205-10174-9

定　　价：59.80元

钱逊先生

（1933 年 10 月—2019 年 8 月 22 日）

本书作者钱逊先生 1933 年 10 月生人。2019 年 8 月 22 日凌晨，先生因病长逝，享年 86 岁。

这部《读〈论语〉 学做人》可以说是先生的绝笔，是我们与先生第三次合作的作品。书稿 2018 年 10 月即已发来，此时才出，愧对先生的期望，生前他问过几次，何时能出版，没能在先生生前让他看到书出版，我们内心实在愧疚，真是抱憾终生！

第一次与先生合作是在 2009 年，当时社里想出版一批中国传统文化方面的图书，于是辗转请托，在清华大学东八楼得以拜见了先生。先生非常谦和，说话不急不慢，答应出版一本关于《论语》的通俗读物。这部书稿，后来取名《孔子的活法：〈论语〉里的人生之道》，于 2010 年出版。该书在 2016 年获评"首届向全国推荐中华优秀传统文化普及图书"。总局网站上至今仍写着推荐理由：虽然孔子生活的时代距今天已经很远，但两千多年来孔子从来没有离开，《论语》的思想代代相传，已长久地渗透在中国两千多年的政教体制、社会习俗、心理习惯中，潜移默化地影响着生活中的每一位国人，是中国人"日用而不知"的信仰，是中国文化的"心魂"所在。本书是将《论语》与时代结合进行讲解的第一部权威书籍。

第二次合作是在 2011 年。因与当时的《辽沈晚报》策划"辽沈国学大讲堂"栏目，于是我们邀请了钱逊、葛荣晋、周桂钿、龚鹏程诸位先生来通俗解读中国传统文化中的某些概念，这个栏目的一些文章，最终编辑成书，四位老师在栏目上发表的文章结集成《四大家解读儒道人生智慧》一书，于 2011 年由我社出版。

书中，先生曾写了一篇《礼：现代人对传统礼教有哪些误解》，先生讲：

在中国传统文化中，礼是非常重要的一个问题。《论语》好几处都讲"不学礼，无以立"，立就是立身，立身就要依据礼，不学礼，就没有立足社会的依据。

孔子的儿子孔鲤，也是孔子的学生。有一次陈亢问孔鲤，你有没有听你父亲给你特别讲点什么啊？意思就是说你父亲有没有给你开小灶，传授一些其他的道理。孔鲤说没有啊。只有两次，孔子单独问他的学习，要他学《诗》、学礼，说"不学《诗》，无以言"；"不学礼，无以立"。可见孔子对礼是非常重视的。

那么，礼是什么呢？现代人对传统礼教有哪些误解呢？随着时代的发展，人们该如何正确认识礼并用礼去规范自己的行为呢？

礼之精神，是"敬"。孟子说："恭敬之心，礼也。"（《孟子·告子上》）"辞让之心，礼之端也。"（《孟子·公孙丑上》）恭敬、辞让，是"敬"的两方面的表现。仁的精神是"爱"，礼的精神则是"敬"。爱和敬，是传统道德最重要的两种精神。

礼之功用，是"和"。"和为贵"（《论语·学而》）。人的生活是社会性的，人都生活在一定的关系中，有一定的地位、身份；君臣、

2

父子、夫妇、兄弟、朋友这五伦，是古代社会基本的人伦关系。礼就是在这种区别、分别的基础上产生的。它反映这种区别、分别，厘清和维持这种区别、分别，以达到和的目标。爱和敬的感情是普遍共通的，但它的表现又是有区别的。礼既体现着爱和敬，同时也体现着"别"；爱和敬通过"别"而表现。

没有想到，这第三次合作，本可以让先生在生前看到的心血之作，因多种原因，此时方才出版。就书中个别重复之处，曾与先生微信交流，先生表示：此书本来就是一本讲座稿的集子，各篇独立成篇。有一些重复的地方也不必改了。我们遵从先生遗愿，尽量保留讲座当时的原貌。

书中本无旁注，为帮助读者扫清阅读障碍，我们在编辑时提出添加注释的请求。但先生当时身体已经颇感不适，故发来了他在国家图书馆出版社出版的《论语》一书电子版，另外还有《〈孟子〉读本》的电子版，让我们自行选择摘抄。有些注释在这两部电子稿中没有找到，我们便参考其他书籍做了大意解读。为保证注释的准确性，又请侯锡满老师审读把关。侯老师经常给中小学课本挑错，对一些注释提出了不同的解读，因为先生驾鹤西去，无法就这些内容进行磋商请益，故在相关章节后面附列释义不同的条目。请读者诸君对比取用。

2019年西安书博会前还与先生通过邮件，也曾微信联系，我当时很诧异先生有微信，他曾说去做了检查。但我们头脑中一直是2018年他的样子，状态极好，与我同去的张洪老师连连称赞说人的修为到一定境界才会有如此神态。先生身上散发出满满的当今难觅的中国文人风骨，坐在他面前，有种跟古人对话的感觉，让人不由沉静下来。感到先生出奇的平和，又不失进取心，在这本书之后还有很多要实施的想法。先生所虑所为不为丁点名利，而是人积极活着的一种状态，无任何低级趣味，只是要尽可能给这世间留下些意义。那次见他，真的感觉百岁可期，岂料先生这么快走了，最后这本书未能出来，这份无法弥补的遗憾、懊恼无以排解，只能用心把书做好。

去家里吊唁时，先生公子曾讲父亲这一生就怕给别人添麻烦。身体有了异样，也觉得可以扛过去，这一次他也以为可以挺过去的。终于，上天可能觉得他太累了，这一次让他好好休息了。

作为国学大师钱穆之子，我曾经问先生对尊亲的记忆，他说分开得早，不太了解了。他曾经说传统需要不同的人从不同的层面去反思，自己方有心得。谈到令尊，先生说："他对我来说，就是一个长者。就像一个加热器一样，不断向外散热。"

先生对我们来说，也是一位长者，也像一个加热器，不断向外散热。

先生微信署名书生，这应该是先生对自己的自谦定位吧，王勃在《秋日登洪州滕王阁饯别序》中写道："勃，三尺微命，一介书生。"这大概是书生的最早出处了。在现代社会，自诩书生的人越来越少，先生之才非王勃的绝世奇才，先生之才在传统中浸润深久，是这个时代不多见的传统文人知行合一的典范。粗浅理解，不知当否？

书生，一世的书生，永远的书生。愿您安息。

本书编辑

[目录]

读《论语》 学做人

传承中华传统文化入门处

今天讲这个题目，有两个意思：（1）学习传承中华文化，中心内容是学做人的道理；（2）学做人的首选经典是《论语》。今天我们传承和发展中华文化，进行传统文化教育，中心内容也就是孔子《论语》所讲的为人之道。"读《论语》学做人"最简单地反映了进行传统文化教育，传承中华传统文化的主题。

一、《论语》产生的时代背景

孔子生活的时代，正是中华文化经历重大变革和发展的时代。孔子思想学说的出现，是中华文化这个变革发展的重大成果和标志。

殷人尊神，率民以事神，先鬼而后礼。[1]

殷商以前，中华文化中宗教思想占据主导地位。直到殷商时期，中国人还是受天命思想支配，一切都要通过占卜，取决于鬼神；在鬼神面前，人完全是被动的，还没有意识到自己独立的主体地位。

西周初年，中国人的思想开始了一个重大的变化。人们从夏、商、周三代的更迭中认识到：

1　出自《小戴礼记·表记》，意为：殷人尊崇鬼神，领导人民供奉鬼神，重鬼神而轻视礼仪。

天命靡常。[2]

惟命不于常。[3]

天命不是恒常不变的。由此引起了思考。既然夏、商都自称秉承天命而号令天下，又为何终至灭亡？天命为何而转移？周本小邦，继商而立，如何才能永保天命不失？得出的结论是：

惟不敬厥德，乃早坠厥命。[4]

夏、商之丧失天命，都是因为后王失德，致使百姓生活无着，携妻抱子，向上天哀告："天视自我民视，天听自我民听。"[5]天听取了百姓的呼声，怜悯小民的痛苦，于是收回了给夏、商的天命。所以想要永远保持周的统治，就要"敬德"。

王其德之用，祈天永命。[6]

这样，从探究历史人事变迁的原因，引起了对天人关系的思考，第一次把人作为与"天"不同的力量，思考人在天命转移中的作用，产生了天人关系问题上的新认识、新思想。天命的最高主宰地位没有改变，提出敬德的要求，是为了

2 出自《诗经·大雅·文王》，意为：上天赋予的天命并不是固定不变的。

3 出自《尚书·周书·康诰》，意为：人的命运不是一成不变的。

4 出自《尚书·周书·召诰》，意为：我只知道他们不重视行德，才过早地失去了他们的福命。

5 出自《孟子·万章上》，《孟子》中所引《泰誓》语，出自伪古文《尚书》。《泰誓》曰："天视自我民视，天听自我民听。"意为：上天所看到的来自我百姓所看到的，上天所听到的来自我百姓所听到的。

6 出自《尚书·召诰》，意为：君王应当把仁政施行，以祈求上天让自己的江山长久。

"祈天永命"。但天命已经失去了绝对的地位；人们开始把人作为与天相对的力量，认为人能够影响天命。这是一个意义深远的转变。有了这个转变，人们开始把眼光转向了人，发展了人文方面的思考。

以后，中华文化就沿着这个方向发展。西周以至春秋，政治、道德等人文领域的思想和学说迅速发展，人的地位日益提高，天的地位则逐步下降。

至春秋时期，已经有了孝、忠、贞、信、仁、义、勇、知、敏等道德要求，并且形成了**"完整的君子人格标准"**[7]。《左传》等文献中所载时人的一些道德故事和言论，反映了当时人们的思想状况。举两个例子：

郑伯克段于鄢（yān）。郑庄公母亲生他时难产，因此不喜欢他，宠爱他的弟弟共叔段。共叔段恃宠骄纵，不断扩张势力。大臣忧虑会影响庄公的地位，劝庄公及早处置，以免失去控制。庄公回答：**"多行不义必自毙，子姑待之。"**[8] 以后，果然共叔段反叛，很快失败。

《左传·宣公二年》记：

7　傅道彬：《春秋时代的风雅精神和君子人格》，《光明日报》2012-7-23。

8　出自《左传·隐公元年》，意为：多做不义的事情，必定会自己垮台，你姑且等着瞧吧。

晋灵公不君，宣子骤谏。公患之，使鉏麑（chú ní）贼之。晨往。寝门辟（pì）矣。尚早，坐而假寐。麑退而叹，言曰："不忘恭敬，民之主也。贼民之主，不忠；弃君之命，不信。有一于此，不如死也。"[9]触槐而死。

晋灵公违背君道，宣子激烈批评。灵公不满，派鉏麑去杀了宣子。清晨鉏麑到宣子家，见房门已经打开，宣子穿戴整齐，准备上朝。见时间尚早，端坐着等待。鉏麑见状，说："不忘恭敬，民之主也。贼民之主，不忠；弃君之命，不信。有一于此，不如死也。"就在门前的槐树上撞死了。

触槐的故事反映出道德已经成为判断是非吉凶、指导人生、决定人事命运的最高标准。

在这样的背景下，孔子在整理古代文献，继承上古以来中华文明的优秀成果，总结西周以下人文思想发展成果的基础上，创立儒学，标志着天人关系问题上思想发展进入一个新阶段。

孔子"不语怪、力、乱、神"[10]，"敬鬼神而远之"[11]。他立足于人，提出了一个包括为人之道和为政之道的仁学思想体系。对为政之道，孔

9 出自《左传·宣公二年》，意为：不忘记恭敬（君主），是老百姓的官儿啊。杀害老百姓的官儿，不忠于君主；违背君主的命令，不守信用。在不忠不信中有一样，不如死了。

10 出自《论语·述而》，意为：孔子不讲怪异、强力、叛乱、神道。

11 出自《论语·雍也》，意为：对鬼神敬而远之。

子提出**"政者正也"**[12]，认为治国平天下根本在于正名，使君臣、父子各得其所，即端正社会秩序。正名的根本则在正人，**"为政以德"**[13]，**"道之以德，齐之以礼，有耻且格"**[14]，以道德教化，文之以礼乐，百姓就能知耻而走上正道，社会秩序自然也就归正。而**"君子之德风，小人之德草，草上之风必偃"**[15]。欲民正，要使当政者、在位者**"帅以正"**。总之，社会的管理，根本在人不在神、不在物；人自身的提高，是解决一切社会人事问题的基础和关键。对为人之道，孔子提出了理想的人格要求——君子人格；特别指出君子人格养成之路，在于为己、由己、求诸己。他的目标是求人之正，包括整个人类社会的和谐发展和每个人的健康成长。实现这一目标的途径是依靠每一个人的自觉努力。这是一个从现实人事出发，依靠人自身的努力和自身的提高来解决问题的思想，真正以人为本的思想。孔子、《论语》思想的核心，就是《大学》所概括的**"自天子以至于庶人，壹是皆以修身为本"**[16]。

与同时期其他人的思想相比，孔子思想有两个显著特点：（1）它摆脱了天命的羁绊，一切为了人，一切依靠人，是独立于天的，自主的、自

12　出自《论语·颜渊》，意为：政就是正的意思。

13　出自《论语·为政》，意为：以道德来治理政事。

14　出自《论语·为政篇》，意为：用道德教化来引导百姓，用礼制来规范百姓的行动，百姓就会有羞耻之心，并且自觉地走上正道了。

15　出自《论语·颜渊》，意为：在位的人的品德好比风，在下的人的品德好比草。风加到草上，草一定会顺风倒下的。

16　出自《礼记·大学》，意为：从天子到平民，一概都以修养自身作为根本。

由的人文的思想体系;(2)它已经是一个包括为人之道(人道)和治国之道(治道)的思想体系,而不是一些零散的观点、思想。

总之,从殷周之际到春秋战国这数百年间,中华文化经历了一次从天到人、从敬鬼尊神到天人合一的深刻的变革发展。其中经历了三个阶段:从殷商时天命鬼神居绝对主宰地位,到西周以下以德配天、祈天永命,再到孔子建立独立的人文思想体系。在前两个阶段中,人与天的地位有所消长,天的地位逐渐下降,人的地位不断上升,但天、命始终占据主宰地位,人只是附属于天。孔子摆脱天命的羁绊,建立独立的仁学体系,是一个历史性的突破和转变。从此,中华文化的发展转到了以人为本的轨道上来。孔子正处于这一变化的关节点,他的仁学体系是这一转变完成的标志。他总结继承了他之前2500年的文化成果,又开启了他以后2500年中华文化发展的方向和道路,担当承前启后、继往开来的历史使命和角色。汉以后,儒学成为中华文化的主干,又影响到全球广大地域和人群,与佛教、基督教、伊斯兰教并列为人类四大文化思潮。而《论语》则是儒学和今天中华文化的源头活水。

《论语》和孔子思想的产生，也标志着中国人的觉醒。这表现在，摆脱了天命的羁绊和束缚，发展了人的自主意识；并且形成了完整的人文思想的体系，为中国人的人生指出了方向、道路。由此而塑造了中国人的生活方式、精神品格，凝成了中华民族的民族精神，演绎了我们民族2000多年的历史。

二、《论语》的中心思想及其意义

关于《论语》的中心思想，流传千年的一句话是"半部《论语》治天下"，许多人都认为《论语》的核心内容讲的是政治思想、政治哲学，是历代统治者用来巩固其统治的学说。其实，《论语》的中心思想在于讲做人的道理。对《论语》精神最好的概括，是《大学》所说的：

自天子以至于庶人，壹是皆以修身为本。

这也是整个儒学的核心思想。全部儒学，它的出发点和终极目标都在于人的提高和完善，也就是以修身为本。

毫无疑问，孔子和儒家有着高度自觉的社会

担当精神，有治国平天下的志向和抱负。孔子周游列国，奔走呼号，也是为了改变天下无道的乱局，恢复天下有道的正常秩序。问题是如何实现治国平天下的目标。

子路曰："卫君待子为政，子将奚先？"子曰："必也正名乎！"

子路问孔子，如果卫君请您当政，您最先要做什么？孔子说是"正名"。

齐景公问政于孔子。孔子对曰："君君、臣臣、父父、子子。" [17]

正名就是使君臣、父子各得其所。

子曰："道之以政，齐之以刑，民免而无耻；道之以德，齐之以礼，有耻且格。" [18]

怎样才能正名？为政以德。使百姓知道什么该做，什么不该做，自觉走上正道。

子曰："其身正，不令而行；其身不正，虽令不从。" [19]

子曰："苟正其身矣，于从政乎何有？不能

17　出自《论语·颜渊》，意为：齐景公向孔子问治国之道，孔子答道："君要行君道，臣要行臣道，父要行父道，子要行子道。"

18　出自《论语·为政》，意为：孔子说："用法制政令来引导百姓，用刑罚来规范百姓的行动，百姓只是求得免于犯罪受罚，却没有羞耻之心；用道德教化来引导百姓，用礼制来规范百姓的行动，百姓就会有羞耻之心，并且自觉地走上正道了。"

19　出自《论语·子路》，意为：孔子说："自身正了，不用发令百姓就会去做；自身不正，即使发布命令百姓也不会听从。"

正其身，如正人何？"[20]

"君子之德风，小人之德草，草上之风必偃。"

"政者正也。子帅以正，孰敢不正？"[21]

正人先正己。

为政之本在正名，正名之本在正人。正人之本在正己。

孔子提出的为人之道：

1. 做君子，不做小人。

子谓子夏曰："汝为君子儒，无为小人儒。"[22]

2. 君子的基本要求："修己、安人安百姓"。

子路问君子。子曰："修己以敬。"曰："如斯而已乎？"曰："修己以安人。"曰："如斯而已乎？"曰："修己以安百姓。修己以安百姓，尧舜其犹病诸。"[23]

修己、安人安百姓两项要求，分别回答了人生的两个基本问题：物质和精神、个体与群体。

君子忧道不忧贫。[24]

士志于道，而耻恶衣恶食者，未足与议也。[25]

20　出自《论语·子路》，意为：孔子说："如果能使自身正了，对于治理政事还有什么困难呢？不能正自身，怎么去正人呢？"

21　出自《论语·颜渊》，意为：政就是正的意思。你自己带头走正道，谁敢不走正道呢？

22　出自《论语·雍也》，意为：孔子对子夏说："你要做君子儒，不要做小人儒。"

23　出自《论语·宪问》，意为：子路问怎样才是君子。孔子说："修养自己，使自己能敬。"子路说："这样就够了吗？孔子说："修养自己，使周围的人安乐。"子路说："这样就够了吗？"孔子说："修养自己，使所有百姓都安乐。修养自己使所有百姓都安乐，尧舜还怕难以做到呢。"

24　出自《论语·卫灵公》，意为：君子只担心道不能明不能行，不担心贫穷。

25　出自《论语·里仁》，意为：一个士有志于仁，而又以自己吃得不好穿得不好为耻辱，这种人，是不值得与他讨论什么的。

26　出自《论语·里仁》，意为：富贵是人人都喜爱的，但不是依道的要求而得到富贵，就不去享有它；贫贱是人人都厌恶的，但不是依道的要求而得以摆脱贫贱，就不去摆脱它。

27　出自《论语·里仁》，意为：早晨得知了道，即便当天晚上就死去，也可以无恨了。

28　出自《论语·卫灵公》，意为：志士仁人，没有贪生怕死而损害仁的，只有牺牲自己的性命来成全仁。

29　出自《论语·微子》，意为：人是不能同鸟兽同群的。我不同世上这些人同群又和谁同群呢？如果天下有道，我也不会同他们一起来改变它了。

30　出自《论语·卫灵公》，意为：君子担心死后名声不为人们所称颂。

31　出自《论语·季氏》，意为：齐景公有马车千辆，死的时候，大家觉得他没有什么德行可以称颂；伯夷、叔齐饿死在首阳山下，大家至今还称颂他们。

富与贵，是人之所欲也，不以其道得之，不处也；贫与贱，是人之所恶也，不以其道得之，不去也。[26]

朝闻道，夕死可矣。[27]

志士仁人，无求生以害仁，有杀身以成仁。[28]

这几句是讲精神和物质的关系，要把精神生命的要求放在前面，"义以为上"。

鸟兽不可与同群，吾非斯人之徒与而谁与？天下有道，丘不与易也。[29]

这是自觉把个人放在群体中，作为群体的一分子，自觉担当个人的社会责任。

君子疾没世而名不称焉。[30]

齐景公有马千驷，死之日，民无德而称焉；伯夷叔齐饿于首阳山下，民到于今称之。[31]

这是讲个人价值，把个人的小生命融入群体的大生命中，在群体的发展中实现个人的价值，青史留名，在群体的长久的历史发展中永垂不朽。

修己、安人安百姓对精神和物质、个人和群体关系的回答，体现着两项核心价值：义以为上、群己统一。

3. 修身的三项基本原则"为己、由己、求诸己"。

古之学者为己，今之学者为人。[32]

所学所行只是出自内心自觉，别去追求其他。"如好好色，如恶恶臭"，只是本性好恶追求是如此，没有其他任何追求。

为仁由己，而由人乎哉?[33]

对仁的追求，个人的修身全靠自己。没有任何力量能够阻止，也没有任何力量可以助你成功。

君子求诸己，小人求诸人。[34]

每一个人都从自己做起，做好自己应该做的。

三项原则都立足于己。也就是"自天子以至于庶人，壹是皆以修身为本"。

32　出自《论语·宪问》，意为：古代人学习是为了充实提高自己，现在的人学习是为了给别人看。

33　出自《论语·颜渊》，意为：实行仁德全在于自己，还能靠别人吗?

34　出自《论语·卫灵公》，意为：君子求之于自己，小人求之于别人。

三、《论语》思想影响了中国人的生存发展

《论语》所提出的思想，为中国人的人生指出了方向、道路。它培育了无数志士仁人、英雄豪杰，成为中华民族的脊梁，支撑了民族的发展；它塑造中国人的生活方式、精神品格，培育、凝成了中华民族的民族精神；演绎了我们民族2000多年的历史。举两个典型例子：

1. 文天祥

文天祥抗元被俘后，坚拒元人的劝降，被监禁多年。他就义后人们在他腰带上发现他的最后遗言：**"孔曰成仁，孟曰取义；惟其义尽，所以仁至。读圣贤书，所学何事？而今而后，庶几无憾。"** [35] 他一生读孔孟的书，所学是什么？就是成仁取义这样的人格追求。经过毕生努力修养，最后做到了，"庶几无憾"。

他曾被囚于土牢，土牢的恶劣环境有七种秽气：水气、土气、日气、火气、米气、人气、秽气。文天祥作《正气歌》，歌颂天地正气。孟子曰："**我善养我浩然之气。**" [36] "**彼气有七，吾气有一，以一敌七，吾何患焉。**" [37] 他形容天地

35 出自元阿鲁图《宋史·文天祥传》，意为：孔子说杀身成仁，孟子说舍生取义。只有义尽，才能仁至。读了古代圣贤的书，做什么用呢？从今以后，我觉得或许可以没有遗憾了。

36 出自《孟子·公孙丑上》，意为：我善于培养我拥有的浩然之气。

37 出自《文山先生集·正气歌》，意为：它有七种气，我有一种气，用我的一种气可以敌过那七种气，我担忧什么呢！

正气说："天地有正气，杂然赋流形。下则为河岳，上则为日星；于人日浩然，沛乎塞苍冥。皇路当清夷，含和吐明庭；时穷节乃见，一一垂丹青。"[38] 随后引述先贤表现浩然正气的事迹，包括如齐国史官前仆后继，冒死直书"崔杼弑其君"[39]，苏武大漠牧羊十余载，诸葛亮鞠躬尽瘁，等等。说"哲人日已远，典刑在夙昔"[40]，以先贤为榜样，激励自己。孔曰成仁孟曰取义已经不只是经典中的文字，而是现实历史中的传统。他正是从这个传统中吸取力量，坚定信念。

文天祥不是孤立的。他是历代无数志士仁人、英雄豪杰的一位代表。中国历史上有许多名人，他们的事迹言行代代流传，如范仲淹"先天下之忧而忧，后天下之乐而乐"[41]，岳飞"精忠报国"，顾炎武"天下兴亡，匹夫有责"[42]，林则徐"苟利国家生死以，岂因祸福避趋之"[43]，等等，都是《论语》倡导的为人之道最高的、集中的体现，都可以在《论语》中找到它们的源头。

他们学《论语》等经典，把孔子《论语》思想当作自己立身的指南，毕生追求、践履。孔子《论语》的思想陶冶、成就了他们的一生。孔子《论语》的思想，也通过他们一生的言行得到实

38 出自《文山先生集·正气歌》，意为：天地间有正气，它聚合起来给予万物运动变化的形体。在下就成为黄河和五岳，在上就成为太阳和星辰；在人这里叫浩然之气，它盛大而充满苍天。国运在清明太平的时候，它蕴藏祥和之气呈现于圣明的朝廷；人处于困窘的境地，节操才显现出来，一个一个地流传史册。

39 事见《左传·襄公二十五年》，意为：崔杼杀了他的君主（齐庄公）。

40 出自《文山先生集·正气歌》，意为：先贤们离开我们的时间已经久远，他们的榜样在昔日已经树立。

41 出自《岳阳楼记》，意为：在天下人忧愁之前先忧愁，在天下人快乐之后才快乐。

42 出自《日知录·正始》的概念，以八字成文的句型，是出自梁启超。

43 出自《赴戍登程口占示家人》，意为：如果对国家有利，我将不顾生死。难道能因为有祸就躲避、有福就追求吗？

现、传承，为更多的人所了解。

2.丁龙

孔子《论语》为人之道的思想，也渗透到中国普通人的生活中，成为中华民族的集体意识、文化传统。

100多年前，美国有一位将军，退休后住在纽约。他是个单身汉，家里雇了一些用人。这个将军脾气很怪，常常打骂用人，所以他家的用人都做不长，经常要换。后来一个叫丁龙的中国山东人到他家去做用人。结果时间不长，一次将军发脾气，把丁龙和其他用人解雇了。其他用人都走了，家里冷冷清清。将军才想起来，没有人给他做早饭了，准备饿肚子。没想到这时候丁龙按时给他送来了早饭。将军很懊悔昨天的做法，表示以后一定改掉发脾气的毛病。丁龙说："我不怪你。你是个好人。孔夫子说，受人之托，忠人之事。人要忠心，珍惜自己的荣誉。"（另一个版本说，不久，有一天将军家里发生火灾。正当这位将军非常狼狈的时候，他突然发现，丁龙也在那里帮助救火。将军很奇怪，说，你不是从我这儿走了吗，怎么又跑回来了？丁龙就讲，我是以前在你家做过用人，后来跑了。可是现在你家里有困难，我就应该来帮助你啊。这是我们中国人做人的道理，是孔夫子教导我们的忠恕之道，中国人就应该这样做。）这位将军非常吃惊地说，你真有学问，2000多年前孔夫子的教导你都懂，很了不起。可是丁龙说我不识字，是我父亲告诉我要这样做的。将军又说了，那你父亲一定是个很有学问的读书人。丁龙说，我父亲也不识字，这是我祖父告诉我父亲这样做的。接着他又说，我们家祖祖辈辈都不识字，这些道理都是一代代传下来的，曾祖父告诉祖父，祖父告诉父亲，父亲再告诉我，我就这样做了。原来他们丁家只是世代耕地，却一代代都讲孔夫子的道理。这些话感动了将军，引起他对中国文化的注意，他对丁龙说你就留在我家继续做吧。他和丁龙的关系也和以前不同了。这样一直到丁龙退休。丁龙临退休之前（一说临去世时），将军为了报答丁龙几十年对他的照顾，提出愿意尽其所能，满足丁龙的一个心愿。出乎将军意料，丁龙的心愿不是钱财，不是住房或资助他回家乡，而是请将军将他毕生积攒的一笔钱，捐给一所大学，办一个研究中国文化的机构。丁龙去世以后，将军就拿这笔钱，又加上几乎自己的全部家产捐给了哥伦比亚大学，让他们办一个研究中国文化的讲座，讲座的名字就叫丁龙讲座。这是美国第一个专门以研究中国文化为主要内容的讲座。

学校曾经希望以将军的名字命名讲座，将军坚持用丁龙命名。在关于这个问题的讨论中，将军对丁龙的人品作了这样的评价：

这是一个罕有的，表里一致、中庸有度，虑事周全、勇敢而仁慈的人，谨谨慎慎，克勤克俭。在天性和后天教育上，他是孔夫子的信徒。在行为上，他像一个清教徒。在信仰上，他是一个佛教徒。但在性格上，他则像一个基督徒。

丁龙的身份没有任何问题。这不是一个神话，而是真人真事。而且可以这样说，在我有幸所遇出身寒微却生性高贵、具有天生的绅士品格的人中，果真有天性善良、从不伤害别人的人的话，他就是一个。

丁龙没有读过多少书。他不是通过读《论语》了解孔子说的做人的道理的。而是《论语》的思想已经渗入到他的家庭生活中，代代相传，熏陶、培养了他。《论语》的思想使他成为这样一个人，而他的言行也使人们认识了中华文化。

这个故事生动地表明,《论语》的思想已经渗入中国普通人的生活,代代相传,成为中国人生活的准则,民族的文化传统。

文天祥、丁龙两个典型,分别代表了中国人两个不同的阶层。文天祥代表着古代读书人,即士的阶层,或者说精英阶层。丁龙代表着广大普通百姓,代表社会大众。从这两个典型身上可以看到,孔子《论语》思想的根本精神,表现为不同的状况,形成了两个不同的传统。这二者之间,在表现的形式和境界的高低上有所差异,而根本精神是共同的、一致的。这两个传统共同构成了中华文化的大传统。通过这两个典型、两个传统,可以看到中国人的精神面貌,告诉我们中国人就是这样的人。而中国人这样的精神面貌,是与孔子《论语》思想的影响分不开的。

总之,《论语》所提出的思想,为中国人的人生指出了方向、道路。它培育了无数志士仁人、英雄豪杰,成为中华民族的脊梁,支撑了民族的发展;它塑造了中国人的生活方式、精神品格,培育、凝成了中华民族的民族精神;它演绎了我们民族2000多年的历史。《论语》的思想及其传承,已经远远超出经典的范围,体现在现实中国人的生活中，构成了 2000 多年中华文化和历史实实在在的传统。

文化是一个民族的魂和根。孔子《论语》的思想精神是我们民族的魂和根。

这就是我今天要讲的"读《论语》 学做人"。

最后，我想用先父的一句话结束我的讲话：

今天的中国读书人，应负两大责任。一是自己读《论语》，一是劝人读《论语》。

谢谢大家。

2018 年 3 月 13 日

2018 年 4 月 11 日

2018 年 10 月 20 日

补注：

2. 出自《诗经·大雅·文王》，意为：上天的意旨并不是固定不变的。

14. 出自《论语·为政篇》，意为：用道德训导他们，用法规整治他们，这样百姓就有羞耻之心而且归服。

18. 出自《论语·为政》，意为：孔子说："用法令训导他们，用刑罚整治他们，（这样）百姓可以暂且免祸，但没有羞愧之心；用道德训导他们，用礼法整治他们，这样（百姓）有羞愧之心而且归服。"

20. 出自《论语·子路》，意为：孔子说："如果能使自身正了，对于从政有什么（困难）呢？不能使自身正，怎样去使别人正呢？"

24. 出自《论语·卫灵公》，意为：君子应该在学问方面忧虑，不应该在贫穷方面忧虑。

27. 出自《论语·里仁》，意为：早晨听说国家有好的政治局面，即便当天晚上就死去，也可以无憾了。

28. 出自《论语·卫灵公》，意为：志士仁人，不（为了）求得生存去损害仁，只有牺牲自己的性命去实现仁。

29. 出自《论语·微子》，意为：鸟兽（我们）不可以跟它们同群，我不是跟这人群同群而是跟谁同群呢？天下（如果）有好的政治局面，我就不跟别人来改变它了啊。

32. 出自《论语·宪问》，意为：从前学习的人是为了充实提高自己，现在学习的人是为了治理百姓。

43. 出自《赴戍登程口占示家人》，意为：如果对国家有利，我愿意用牺牲自己生命的方式去争取，怎么能因为有灾祸就躲避它？

对『学做人』的理解

《论语》的中心思想是"正人",就是讲做人的道理。常有人问:人就是人,怎么还要学做人?怎么理解"学做人",是读《论语》需要认真思考的问题。

《论语》第一章就讲"学"。旧注:学,觉也。 这个觉,就是怎样做人的觉醒。西方有一种学说,倡导自我觉醒。也有人说,教育的目的就在于使人"成为他自己"。《论语》讲做人和这不同。《论语》说的"觉"是道的觉醒、生命的觉醒、人的觉醒,而不是个人的觉醒、自我的觉醒;是为了使人真正成为一个人,而不是成为他自己。子曰:**"志于道,据于德,依于仁,游于艺。"**[1]这是孔子提出的"学做人"的总纲。其中首要的是志于道。道,指为人之道,做人的根本原则,是一切人伦日用所当遵行的原则,指示着为人的方向。志于道,要立志于追求做人的道理,确立自己的理想追求,懂得要做一个什么样的人。也就是要树立人生的理想信念。**"知此而心必之焉,则所适者正,而无他歧之惑矣。"**[2]所以这是学做人的第一项。

对道的追求,贯穿于人的一生。

孔子重学习。《论语》第一章就说:

1 出自《论语·述而》,意为:孔子说:"立志于道,据守于德,依靠于仁,游习于六艺之中。"

2 出自《论语集注》,意为:知道这个而人的志愿一定往这个方向去,那么前进的方向就不偏斜,也就没有其他非正当的途径的迷惑了。

学而时习之，不亦说乎？有朋自远方来，不亦乐乎？人不知而不愠，不亦君子乎？[3]

现在一般人讲学习，想到的往往只是学知识。《论语》所说的学不是这样。

百工居肆以成其事，君子学以致其道。[4]
君子学道则爱人，小人学道则易使也。[5]

学的内容主要是学道。

子曰："富与贵，是人之所欲也，不以其道得之，不处也；贫与贱，是人之所恶也，不以其道得之，不去也。"[6]

富贵是人之所欲，贫贱是人们所不愿，摆脱贫贱，享受富贵，是人们共同的追求。然而必须按照道的标准来决定取舍。

曾子曰："士不可以不弘毅，任重而道远。仁以为己任，不亦重乎？死而后已，不亦远乎？"[7]
子曰："人能弘道，非道弘人。"[8]

人的一生，是担着很重的担子的，这个担子就是"仁以为己任"；人要以弘扬仁道为毕生的

3 出自《论语·学而》，意为：学了又时时温习和练习，不是很愉快吗？有志同道合的人从远方来，不是很快乐吗？别人不了解自己而并不恼怒，不也就是一个有德的君子了吗？

4 出自《论语·子张》，意为：各种工匠住在作坊里来完成自己的工作，君子通过学习来获得仁德。

5 出自《论语·阳货》，意为：君子学了道就能爱人，小人学了道就容易指挥。

6 见第一讲，注释26。

7 出自《论语·泰伯》，意为：曾子说："士不能不弘大而刚强有毅力，因为他责任重大，路程遥远。以实现仁作为自己的责任，岂不是很重吗？为此要奋斗终生，到死才停止，岂不是很远吗？"

8 出自《论语·卫灵公》，意为：孔子说："人能把道发扬光大，不是道使人弘大。"

使命，终生奋斗，死而后已。

子曰："笃信好学，守死善道，危邦不入，乱邦不居。天下有道则见，无道则隐。邦有道，贫且贱焉，耻也；邦无道，富且贵焉，耻也。"[9]

子曰："志士仁人，无求生以害人，有杀身以成仁。"

对道，要笃信不疑，好学不倦，至死坚守，求善其道。进退出处，可以富贵，可以贫贱，一切都是为了守道善道；必要时可以为护道而付出生命。

子曰："朝闻道，夕死可矣。"

懂得了做人的道理，有了人生的理想信念，人的生活才有灵魂，生命才有意义；即使短命死去，也是值得的，可以瞑目，可以无憾。

如此，从志于道开始，进而学道、行道；从对道的追求、学习，到用道指导自己的人生，在一切环境下去弘道、善道，死而后已；对道的追求、学习、力行、弘扬、卫护贯穿一生，构成生命的全部内容和意义。这也就是学做人的含义。所以，学做人，就是学道弘道。学道，方能成

9 出自《论语·泰伯》，意为：孔子说："坚定地相信好的学说，为好的主张奉行到死。不进入危险的国家，不在动乱的国家居住。天下有道就出来做官，天下无道就隐居不出。国家有道，还是贫贱，是耻辱；国家无道，却能富贵，也是耻辱。"

024

人；以弘道为己任，方能实现生命之意义。

中华文化关于学做人的思想，不是孤立的。它是和对人的根本认识相联系的。"我是谁？"怎样认识人自己，是人的认识中第一个最基本的问题。这个问题上中西方文化有不同的回答。"我是谁？"西方以个体为主体，讲自我认识、自我觉醒。中国文化则是以"人"为主体，讲对人的认识和人的觉醒。

中国文化对人的认识，主要是从两个方面来看。一是天人关系，二是人禽之辨。

中国人对人的认识，在商周之际经历了一次根本的变化。殷商之前，中国文化"敬鬼尊神"，宗教思想占着主导地位，凡事通过占卜决定，一切都听命于鬼神。在天帝鬼神面前，人没有自己独立的主体意识。

夏、商、周三代的更替，引起人们思想的变化。人们从历史的经验中认识到"天命靡常"，天命不是不变的。由此引起思考：为什么夏、商开始的时候秉承天命，后来又失去了天命？现在周取代了商，会不会像它们那样，最后也丢掉天命？要怎样才能够让周朝永远保持天命，不被抛弃？

这样，从对历史变迁的探究，引发了对天人关系的思考，思考人生与天命的关系。而思考的结论是，"不敬厥德，乃早坠厥命"。夏、商之所以失去天命，是因为不敬德。周要想保持永远不会失去天命，那就要"敬德保民"。这是一个深刻的变化，意味着中国人开始把人作为和天对立的主体来考虑，认识到人事的好坏可以影响天命的转移，要通过敬德保民的努力来"祈天永命"，开始有了人的主体意识。

所以中国文化是把人放在历史的变迁中，放在天人关系、人生和天命的关系中来思考和认识的。**"究天人之际，通古今之变"**[10]，中国文化是从这样的大背景下来看人的。

在天人关系、人生和天命的关系上，从西周初年到孔子，再到孟子，形成了天人合一的思想。

子罕言利，与命与仁。[11]

孔子创立仁学，弘道行仁是他的全部人生。同时他知命，在知命的基础上建立其高度的自信。在孔子身上，人生和天命是合一的。以后《中庸》说：

10 出自《报任安书》，意为：探求天道与人事之间的关系，贯通古往今来变化的脉络。

11 出自《论语·子罕》，意为：孔子很少谈利，而赞成命和仁。

天命之谓性，率性之谓道，修道之谓教。[12]

建立起天命、性、道、教四者之间的有机联系，形成了天人合一的核心思想：性道合一，天道与人道合一。再到孟子，在他的人性思想基础上，提出：

尽其心者，知其性也。知其性，则知天矣。存其心，养其性，所以事天也。夭寿不二，修身以俟之，所以立命也。[13]

性根于心，所以尽心可以知性。而性是天赋，是天道天命在人之体现，所以"知其性，则知天"，知性即可以知天。人要知天知命，不假外求，只反求诸己，修养自己的心性即可。通过尽心、知性，上达于天，为的是"事天"，即顺应天道，安顿自己的人生，也就是安身立命。

孟子这一思想，对天人关系问题作出了完满的回答，标志着儒学以人为本、天人合一思想体系的最终完成，有着深远的影响和无法估量的意义。中国文化对天人关系的思考，说明在中国文化中，"我是谁"这个问题中的"我"，不是指

12 出自《中庸》，意为：上天赋予人的品德叫作本性，顺着本性去做事叫作道，人们培养并遵守道叫作教化。

13 出自《孟子·尽心上》，意为：充分发挥自己的本心，就知道人的本性了。懂得了人的本性，也就懂得天命了。保存人的本心，培养自己的本性，就是侍奉天的最好方法。生命或短或长，都不三心二意。修养心性以待天命，这就是安身立命的方法。

个人，而是指整体的"人"。"我是谁"实际上是"人是什么"，包括"人在宇宙中居于什么样的地位""人与天的关系是怎样的""人能做些什么""人应该怎样做"。从这一根本思想出发，中国人讲为人之道，是从天道看人道，**"诚者，天之道；思诚者，人之道"** [14]。**"天行健，君子以自强不息；地势坤，君子以厚德载物。"**……是从"人"的本位思考，不是以个人、"自己"为本位思考。

中国文化对人的认识，另一个基本点，是明人禽之辨。

孟子说：

> **无恻隐之心，非人也；无羞恶之心，非人也；无辞让之心，非人也；无是非之心，非人也。恻隐之心，仁之端也；羞恶之心，义之端也；辞让之心，礼之端也；是非之心，智之端也。人之有是四端也，犹其有四体也。** [15]

他强调人与禽兽的区别，从人和禽兽的区别上看人性。认为只有把人与禽兽区别开的那些属性，即人之所以为人的那些特征才是人性。反驳"生之谓性"说，认为如果说"生之谓性"，那就无法将人性与狗性、牛性区分开了。

14 出自《孟子·离娄上》，意为：真实不欺是自然的法则；追求真实不欺是做人的法则。

15 出自《孟子·公孙丑上》，意为：没有同情之心不能算是人，没有羞耻之心不能算是人，没有谦让之心不能算是人，没有是非之心不能算是人。同情之心是仁的源头，羞耻之心是义的源头，谦让之心是礼的源头，是非之心是智的源头。人具有这四种源头，就像他具有四肢一样。

因为只从生物本能上看，人和狗、牛等没有根本的区别。他说：

人之所以异于禽兽者几希，庶民去之，君子存之。[16]

孟子以人之所以为人的特性为人性，给正确认识人性提供了正确的思路，也给正确认识人生价值、确立人生理想，奠定了理论基础。

人之所以为人，人之所以高于禽兽，在于人之有义。**"饱食、暖衣、逸居而无教，则近于禽兽。"**[17]生命的价值、意义，在于义。"生以载义，义以立生"，物质生命的意义在于它是精神生命的载体，生命的意义是精神生命所赋予的。所以有学做人的问题。只有志于道，笃信好学，才能摆脱禽兽的境界，从生物学意义的人提升为真正意义上的人。

总之，中华文化是从天人关系（天命与人事的关系）和人禽之别（人与禽兽的区别）两个方面来提出问题，思考的对象是人，思考的问题是怎样认识人。学做人就是要学会怎样成为一个真正的人。这和西方文化以个人为本位，思考的是个人的成长发展，讲"自我觉醒"，"成

16 出自《孟子·离娄下》，意为：人与禽兽不同的地方只有那么一点点，普通人丢失了它，君子保存了它。

17 出自《孟子·滕文公上》，意为：吃饱了，穿暖了，住得安逸了，但还没有教养，就还和禽兽差不多。

为他自己"，有着根本的区别。这是特别需要注意的。

2018 年 5 月 15 日

2018 年 10 月 23 日

补注：

3. 出自《论语·学而》，意为：学习（先王训典）而且按时地诵习它，不是（很）高兴吗？有同窗从远方来（一起探讨学问），不是（很）快乐吗？别人不了解（自己不举用）却不恼怒，不是道德高尚的人吗？

5. 出自《论语·阳货》，意为：官吏学习礼乐就会爱护别人，百姓学习礼乐就容易使唤。

7. 出自《论语·泰伯》，意为：曾子说："有才德的人不可以不心胸宽广意志坚定，（因为他们）担子沉重而且路途遥远。以实现仁作为自己的责任，（担子）不是（很）沉重吗？死了之后方休，（路途）不是（很）遥远吗？"

11. 出自《论语·子罕》，意为：孔子很少说到财利和命运与仁德。

13. 出自《孟子·尽心上》，意为：（人们）用尽自己的全部心思（去行善），就知道人的本性是善的。知道了人性本善，就知道天道好善了。保存人的本心，培养自己的本性，这是用来在心里树立天道的方法。（前人）或短命或长寿我都不心怀二心，修养自身去等待天道，这是用来在内心树立天道的方法。

[第三讲]

君子理想人格的要求

孔子教人，要求弟子成为君子、成人。

子谓子夏曰："女为君子儒，无为小人儒。" [1]

今天，围绕《论语》中的两章，说一说对君子理想人格的要求。

一、学做君子的纲要

子曰："志于道，据于德，依于仁，游于艺。" [2]

此章提出四个方面要求，可以说是学做人的纲要。

志，意志、志向，这里是立志的意思。道，人伦日用之间所当行者。志于道，立志于追求为人之道，即确立为人的目标、道路，解决人生方向和价值观的问题。

据，执守，固执坚守。德，得也，得于心的是德。得于心才能据守，所以说据于德。道和德是分别说的，和现在道德是一个词不同。

依，依照，不违。仁，孔子为人之道的核心要求。依于仁，一切不能违背仁。

1　出自《论语·雍也》，意为：孔子对子夏说："你要做君子儒，不要做小人儒。"

2　出自《论语·述而》，意为：孔子说："立志于道，据守于德，依靠于仁，游习于六艺之中。"

游，游憩（qì）。朱熹注："玩物适情之谓。"钱穆《论语新解》有言："人之习于艺，如鱼在水。"艺，孔子时指礼、乐、射、御、书、数，以后范围扩展，包括琴棋书画、诗词歌赋，以至天文历算、农桑水利、医药百工，都属于艺。

立志，确立人生的目标，是学做人的第一件事。说到立志，一般人想到的往往是当教师、医生、科学家，或者经商、从政等。这些都属于个人的职业，或者说是事业，总之是个人的发展。而《论语》说要"志于道"。道是做人的道理，做人的根本原则，是对所有的人共同的要求。志于道，立志于追求为人之道，即确立为人之目标、道路，解决人生方向和价值观的问题。职业、事业是可以选择的，各人的选择可以不同。而基本的共同的做人的道理，却是人所共同的，人人都应该懂得的。中华文化所看重的，首先是如何成为一个人，如何做一个好人，而不是个人的发展。也就是我们常讲的"先做人，后做事"。

据于德。志于道的追求，必须落实于日常行为。唯有自己把握了，才能够据之以指导言行；也只有日常言行都能据守于德而不离，才能使自己走到当行的大道上。据于德，就是将志于道的追求落实于行。

依于仁。子曰："吾道一以贯之。"[3]孝悌忠信，勇直敬让诸德，其中有一以贯之之精神。仁，是人与人相处的大道，贯穿于诸德的根本精神。孝悌忠信等都属仁，但只做到这些并不能算仁。如说孝悌为仁之本，并非说人有孝悌之行即是仁，孝悌只是为仁的根本。不仅要知道如何对父母尽孝，还要懂得要这样做的道理，懂得孝所体现的仁的精神，并且推而广之，用于他人，才能达到仁的境界。有人能孝顺父母，不能敬老；甚而有人为给父母治病，当街绑架，勒索钱财，便是明证。所以在德行之教的基础上还须博学于文，有依于仁的教育。

三个方面相互联系，构成完整体系。相互补充，相互渗透，相互促进，而非先后次序。志道决定方向，但须通过据德而落实；据德虽偏于行，却可促使志道之心不断深入、坚定以至完成；又不能止于据德力行，据德的基础上，须博学于文，力求达到依于仁的境界。

游于艺。艺，孔子时指礼、乐、射、御、书、数，以后范围扩展，包括琴棋书画、诗词歌

3 出自《论语·里仁》，意为：孔子说："我讲的道是由一个基本的思想贯通起来的。"

赋，以至天文历算、农桑水利、医药百工，都属于艺。艺属实务、技艺，非原则。游于艺与志于道、据于德、依于仁属不同范畴。前三项是理性的、道德的，通过博文约礼，学习修养而达到；游于艺则是感性的、艺术的，经技艺的学习而得之。前者是社会性的，人所共同；后者是个性化的，随各人兴趣条件不同而异。

志道、据德、依仁、游艺，此四项可谓君子之道的纲要。四者相比，前三项为本，最后项为末；前者重，后者轻。然游于艺也是做人所不可缺的。实务是人生一方面，当今科技发达，在社会、人生中愈益占主要地位，不可忽视；健全人生，技艺也是必备的。而且技艺中亦蕴含着义理。如朱熹所说，"皆至理所寓，而日用而不可阙者也"。游憩于艺，可以涵养性情，潜移默化，以至"不自知其人于圣贤之域矣"。所以，四者都是成人不可或缺的修养，不可偏废。其中的本末终始，须认真研究，妥善处理。以为学做人只需熟读经典，志道进德，而一切技艺之学都属无用，甚至有害；或将儒学教育局限于琴棋书画、文学武术之类技艺之学，而不及志道进德之学，都是偏于一端，有失儒学教育的真精神。

二、君子理想人格的基本要求

子路问君子。子曰:"修己以敬。"曰:"如斯而已乎?"曰:"修己以安人。"曰:"如斯而已乎?"曰:"修己以安百姓。修己以安百姓,尧舜其犹病诸。"[4]

问君子,问关于君子的问题,应如何做,是什么样。修己以敬,以严肃认真的态度修身。斯,此、这。安,作动词,使他人安定、安好。安人、安百姓,人指周围与自己相交往的人,百姓指所有人。一乡一国,以至全天下所有的人。尧舜其犹病诸,尧舜这样的圣人恐怕也还会为此而发愁呢。

子路问关于君子的问题。孔子说,要认真修身。子路不满足,问,这样就够了吗?孔子补充说,修身来使他人安定。子路还不满足,再问。孔子说,修身来使所有百姓都安好。要使百姓全都安好,尧舜恐怕都还会为此而发愁呢。

这里提出了对君子的两项基本要求:修己和安人安百姓。

4 见第一讲,注释23。

修己和安人安百姓，是对人生的两个基本问题的回答。

人的生活有物质生活和精神生活两个方面，由此生命也有物质生命和精神生命两方面。物质生命的基础是人的生物本能，和禽兽没有根本区别。精神生命的基础是人的社会生活，是人所独有而禽兽没有的，是人不同于禽兽，人之所以为人的根本之处。人是社会性的，生活在社会群体中。人既是独立的个体，又是群体的一分子，不可能须臾离群而独立。怎样处理物质生命与精神生命的关系和个人与群体的关系，是人生中的两个基本问题。修己安人就是对这两个问题的回答。

修己安人这两方面的要求，体现着两项核心价值：义以为上和群己统一。

修己，致力于提高自己的精神品格，是相对于物质生活的追求而言的。

君子忧道不忧贫。[5]

士志于道，而耻恶衣恶食者，未足与议也。[6]

5　见第一讲，注释 24。

6　见第一讲，注释 25。

君子所忧虑的是对道的了解不够，践行不力，而不是物质生活的贫穷困苦。如果有人口头说有志于道，而实际上总以衣食等物质生活不如人为耻，这样的人是不值得和他讨论为人之道的。就是说，心放在哪里？念念不忘，孜孜以求的是什么？

这个问题最直接的表现：

富与贵，是人之所欲也，不以其道得之，不处也；贫与贱，是人之所恶也，不以其道得之，不去也。[7]

富贵贫贱的取舍，要以是否符合道义为标准。这也就是常说的义利关系，"君子爱财，取之有道"，"不取不义之财"。

但这个问题的意义不只在对物质利益的取舍上，不只是怎么赚钱怎么花钱的问题。

君子义以为上。[8]

君子喻于义，小人喻于利。[9]

物质生命和精神生命的关系，何者为先？这是两种对立的价值观，是君子与小人的分界。

7 见第一讲，注释 26。

8 出自《论语·阳货》，意为：君子以义为最高。

9 出自《论语·里仁》，意为：君子懂得的是义，小人懂得的是利。

朝闻道，夕死可矣。

志士仁人，无求生以害仁，有杀身以成仁。

三军可夺帅也，匹夫不可夺志也。[10]

问题的实质在于怎样认识生命的意义、价值。人生意义、价值，在精神生命。懂得为人之道，生命才有意义。所以"朝闻道，夕死可矣"。不知为人之道，只知追求物质生活享受，虽百岁长寿，也只是行尸走肉。践行这一价值观的最高境界，是能够"杀身成仁"，生死抉择，唯义所在。用一句话概括，就是"义以为上"。

安人，不只求自己好，还是为了使大家都好。要把自己放在群体中，当作群体的一分子，自觉担当个体对群体应负的责任，把个人价值的实现和群体的发展相统一，做到群己统一。

士不可以不弘毅，任重而道远。仁以为己任，不亦重乎？死而后已，不亦远乎？[11]

人生是担有责任的、任重而道远的历程。

鸟兽不可与同群，吾非斯人之徒与而谁与？天下有道，丘不与易也。[12]

10　出自《论语·子罕》，意为：三军之众，可以使他们丧失将帅；匹夫立志，却是谁也不能使其动摇的。

11　见第二讲，注释 7。

12　见第一讲，注释 29。

当时有隐者说，天下无道，乱象像滔滔洪水，谁能改变得了？劝孔子的弟子与其跟着这样的老师，不如随他们归隐山林。孔子很感慨地说了这段话。意思就是说，人是生活在群体中间的，哪怕天下无道，也不能脱离群体而和鸟兽一起生活；正因为天下无道，才需要我这样出来奔走。隐者讥笑孔子是"知其不可而为之者"。在孔子，正是他自觉担当精神的表现。隐者和孔子面对天下无道的乱世所抱的不同态度，反映了在群己关系上不同的价值观。

把个人自觉当作群体的一分子，还表现在，把个人的发展、个人价值的实现，自觉地与群体的发展相统一，在群体的发展中，求个人的发展和个人价值的实现。

君子疾没世而名不称焉。[13]

齐景公有马千驷，死之日，民无德而称焉；伯夷叔齐饿于首阳山下，民到于今称之。[14]

孔子对齐景公和伯夷、叔齐的评价，不看他们生前拥有的财富和权势，只看他们死后百姓对他们的评价，体现了中国人对个人价值的理解。百

13 见第一讲，注释30。

14 见第一讲，注释31。

姓心中有杆秤，每个人的价值都要在后人对他的评价中体现出来，要在百姓心中的这杆秤上称出来。

一个人的价值不是看他从社会得到了些什么，而是看他给社会做了些什么。"立德、立功、立言，虽久不废"。个人的德、功、言为社会做贡献，造福当代，惠及后世，为后人所纪念、学习，个人短暂的小生命就融入群体长久的大生命中。物质生命终结，精神生命却永留人间，永垂不朽。这就是中国人追求的"留取丹心照汗青"、"青史留名"、永垂不朽。

这是中国传统的对人生价值的看法。

把传统文化关于群己关系的思想叫作"群体主义"，这样说并不准确。准确地说，应该是"群己统一"。

总之，义以为上和群己统一，是修己和安人安百姓这两点要求中体现的价值追求。用现在的话语来说，也可以叫作崇德、乐群。

这两点又是人和禽兽相区别，人之所以为人的所在。荀子说：

力不若牛，走不若马，而牛马为用，何也？

曰：人能群，彼不能群也。人何以能群？曰：分。分何以能行？曰：义。[15]

人之所以高于禽兽，能使牛马为用，就在于能群，有义。所以群和义也就是为人之道的核心内容。

义以为上，群己统一，二者是统一的。逐利一定为私，行义一定为群。二者集中成一点就是以天下为己任，鞠躬尽瘁，死而后已。这一精神，构成我们民族精神的核心内容。

近代以来形成的革命传统，是这一精神在当代中国革命建设中的体现和升华。古代的传统文化和近代的革命传统，不是不同的两种传统、两种文化，而是一脉相传，贯穿古今，中华文化发展的两个不同阶段的表现。社会主义核心价值观的建设，也离不开崇德乐群、以天下为己任的精神。

总之，义以为上、群己统一、崇德乐群，是中华文化的核心价值，贯通古今的中华民族的民族魂。

2018 年 5 月 15 日

2018 年 10 月 24 日

15 出自《荀子·王制》，意为：（人的）力气比不上牛，奔跑比不上马，但是牛和马却被人驱使，为什么？回答说：人能彼此关系融洽相处，它们不能这样。人为什么能彼此关系融洽相处？回答说：人有位分。位分为什么能在社会上实行？回答说：因为它符合道理。

对《论语》中『德』的理解

与现代"道德"连言不同，古代"道"和"德"分言。现在我们讲德育，就是讲道德教育。通常德的意思就是讲道德，但在《论语》里面道和德是分开讲的。《论语》说："志于道，据于德，依于仁，游于艺。"这是《论语》里面谈做人或谈教育的四个方面。第一是立志，要立在追求道，明确做人的方向和根本原则。第二，"据于德"，就是行为、言行要依据于德。立志于道，日常言行要据于德。道和德是分开说的。

　　道，为人之道，做人的根本原则；德，得也；道之得于己者为德。道是一个大的原则，内容也很丰富，又抽象，不易把握，只有得于己，落实于日常言行中，才能成为行为的依据，所以说据于德。道为德之本，德为道之用。道抽象而简单，它不可能直接就用在日常言行中。德体现道的要求，具体而丰富，可以落实于具体言行。你对道理解了，你知道它具体有什么内容，真的接受了，这是德。因为这是具体的可以落实的，又是一个人自己理解接受了的，所以可成为言行的依据，在言行中不断地去做，这叫"据于德"。本文所讨论的，即在这个意义上的德。

　　今天我们谈三个问题。第一，是《论语》里

关于德的内容体系；第二，谈有关德和礼的问题；第三，谈德的教育问题。

一、德目体系

《论语》多处谈德，提出众多德目。因为《论语》是孔子和弟子教学过程中对话讨论的语录，所以它在这个地方讲到这几点，那个地方讲到另外几点，很多地方谈到德的问题。如：

夫子温良恭俭让得之。[1]

能行五者于天下，为仁矣。曰：恭、宽、信、敏、惠。[2]

刚、毅、木、讷近仁。[3]

行己有耻。

知者不惑，仁者不忧，勇者不惧。[4]

人之生也直，罔之生也幸而免。[5]

主忠信。

弟子入则孝，出则弟，谨而信，泛爱众，而亲仁。[6]

后儒择其要也有以"孝悌忠信"代表孔子所言之德；后代更有"孝悌忠信、礼义廉耻"的

1 出自《论语·学而》，意为：我们夫子是靠温和、善良、庄敬有礼、节俭、谦逊而得来的。

2 出自《论语·阳货》，意为：能处处实行五种品德，就是仁了。孔子说："恭、宽、信、敏、惠。"

3 出自《论语·子路》，意为：刚强、坚定、质朴、言语谨慎，这四种品德近于仁。

4 出自《论语·子罕》，意为：智者不迷惑，仁人不忧虑，勇士不畏惧。

5 出自《论语·雍也》，意为：人的生存靠的是正直，不正直的人也能生存，是他侥幸地免于死亡。

6 出自《论语·学而》，意为：弟子在家要讲孝，出外要讲悌，言行要谨慎，要诚实可信，要广泛地爱众人，而亲近其中有仁德的人。

八德，孙中山概括为"忠孝仁爱，信义和平"，等等。

进一步作分析，在众多德目之中，可分为两类，或两个层次。一是共同的、一般人际交往之德，一是个别的人伦之德。共同的、一般的人际交往之德，普遍适用于一切人际交往。个别的人伦之德，只是在某一种特定的人伦关系中，对特定的对象适用。孝悌忠信，也分属这两个不同类别或层次，孝悌属于后者，忠信属于前者。

孝，善事父母；弟（通"悌"），善待兄弟。是专用于父子兄弟之间。孟子曰："**圣人有忧之，使契为司徒，教以人伦，父子有亲，君臣有义，夫妇有别，长幼有叙，朋友有信。**"[7] 对父、子、君、臣、夫、妇、长、幼各有其不同之德的要求。如父慈子孝、兄友弟恭，以及妇女之三从四德等，都属于这一类。孝的本意就是善事父母，所以它只在家庭关系、父母子女关系中间适用于子女对父母，悌也同样是弟弟对哥哥的德。这类专属某种人伦关系的德，也有人称之为角色伦理。对于个人来说，每一个人都处在不同的人伦关系中，担当着不同的角色，因此也要履行不同的德的要求。

7　出自《孟子·滕文公上》，意为：圣人又对此感到忧虑，派契担任司徒，以处理人与人关系的道理和行为准则来教导百姓，父子之间要亲爱，君臣之间要有义，夫妇之间要有内外之别，长幼之间要有尊卑之序，朋友之间要守信。

儒家提倡的德，更多的不属于此类。如忠信，并不专限于某种人伦关系，而是适用于一般人际关系。忠，尽己之谓忠。曾子自省，为人谋而不忠乎？"人而无信，不知其可也。大车无輗，小车无軏，其何以行之哉？"[8]过去的车辕在前面有一个横的木头可以驾牲口，在横木和这个车辕连接地方要有个销钉，如果没有销钉，横木与车辕连接不上，车根本就不能动。这是说对整个社会来说没有信用是不能正常运行的。这都是待人立世的普遍共同要求。勇、智、直、刚、温、良、恭、俭、让等都是这样。

德的两个层次，性质有所不同。人际交往的共同的一般的德，是人与人交往的普遍共同的追求，超越时代及地域的限制，古今中外，概莫能外。个别的人伦之德，直接反映社会制度的要求，有较强的时代性，随时代变迁而变。

以忠德来说，先秦时期宗法封建社会中，君臣即父子、兄弟，为人孝悌就不会犯上作乱，所以也无须有专属的臣德。在《论语》里孝悌说得比较多一些，有子说："其为人也孝弟，而好犯上者，鲜矣；不好犯上，而好作乱者，未之有也。"[9]能够做到孝悌，就很少会犯上，不好犯

8 出自《论语·为政》，意为：一个人不讲信用，是不可以的。大车小车，没有了连接辕和前面横木的销钉，靠什么让它行驶呢？

9 出自《论语·学而》，意为：一个人为人孝悌却又喜欢犯上，这是很少见的。不喜欢犯上却喜欢造反的，从来就没有过。

上他不会作乱，直接把孝悌和不犯上作乱连在一起，**"孝弟也者其为仁之本与"**[10]。这反映了当时的社会背景。当时是宗法制的社会，实行分封制，天子是天下之主，天子位是由嫡长子继承，其他的庶子分封为诸侯国的国君。诸侯国君的位子也是嫡长子继承，其他的庶子分封为大夫，所以整个国家的政治结构，从天子到诸侯到大夫，与宗法制度的结构完全一致。天子与诸侯，诸侯与大夫的关系，也都是父子和兄弟的关系。所以整个体制靠孝悌来维持，行孝就不会反对父亲，行悌就不会反对哥哥，保证诸侯不会反对天子，大夫也不会反对诸侯。所以只要有了孝悌，整个社会秩序就很稳定，不会有人犯上作乱。

"忠"本义是"尽己"，是人们相处中共同的一般的德。秦汉以后，"忠"成为专门的臣对君的道德要求，这和当时的社会变迁是分不开的。郡县制取代宗法制，孝悌不再能起维系君臣关系稳固的作用，于是移孝作忠。忠也具有了专指臣德的特殊意义，并被赋予了绝对的单方面服从的内容，在发展中成为忠德的主要义项。而在日常生活中，尽己意义上的忠，仍为人们所遵守，忠德仍然作为共同的一般德目存在，发挥着维护社

10　出自《论语·学而》，意为：孝悌，大概就是行仁的根本吧。

和谐的作用。如此，忠德便兼具了两个不同层次的意义，既是君臣关系中臣对君的臣德的要求，同时又是人际交往中共同的一般的德的要求。

发展至现代，君臣一伦已不存在，作为臣德的忠也失去了存在的基础和意义，忠也就恢复到其尽己之谓忠的原始意义，作为一般的德而存在。父子、长幼、夫妇诸伦则依然存在，而内容已有根本变化。相应的德自然也随之而变。这两类不同的德，构成整个德目体系。

从《论语》看，在这两类德中间，孔子重视忠信重于孝悌，重视共同一般的德重于个别人伦的德。《论语》中弟子问仁、问君子、问成人、问何如可以为士，孔子回答中极少谈到孝悌，只在13·20章答子贡问"**何如斯可谓之士矣**"时说："**行己有耻，使于四方，不辱君命，可谓士矣。**"[11] 这个要求基本上属于道德层次的内容，"行己有耻"就是一个人做任何事情都要有羞耻心，要有自己做人的底线，在日常每一言行中该做的做，不该做的不做。这是修身的基本要求。"使于四方，不辱君命"则是治国为政的要求，要能够完成国君赋予的使命，能够成为一个治国的良臣，这样才是士。

11　出自《论语·子路》，意为：子贡问："怎样才可以叫作士？"孔子说："做事有羞耻之心，出使四方，不辱没君命，可以叫作士了。"

接着下面说："曰：'敢问其次。'曰：'宗族称孝焉，乡党称弟焉。'曰：'敢问其次。'曰：'言必信，行必果，硁硁然小人哉！抑亦可以为次矣。'曰：'今之从政者何如？'子曰：'噫！斗筲之人，何足算也。'"[12] 提及"宗族称孝焉，乡党称弟焉"，但只是作为士的次等的要求。对于忠信，则多次提到"主忠信"，要以忠信为主，以此作为君子的一项重要要求和标准。7·24章"子以四教：文、行、忠、信"以忠信为所教之本。5·27章还说："十室之邑，必有忠信如丘者焉，不如丘之好学也。"[13] 都是突出了忠信。还有，子贡问曰："有一言而可以终身行之者乎？"子曰："其恕乎！己所不欲，勿施于人。"[14] 子贡问什么是可以终身践行的，孔子回答说是恕，也没有提孝。而曾子还说"夫子之道，忠恕而已矣"[15]。可见，孔子更重视的是忠信、忠恕，以及这一类共同的一般的德。

二、德和礼

据于德，就要说到礼。礼是德的载体；德通过礼而落实、体现。据于德，也就是要依礼而行。

12 出自《论语·子路》，意为：子贡说："请问次一等的呢？"孔子说："宗族中人称赞他孝，乡党之人称赞他悌。"子贡又说："请问再次一等的呢？"孔子说："言语一定真实，行为一定果敢。不问是非地固执己见，那是小人啊。但也可以说是再次一等的士了。"子贡说："现在执政的那些人怎么样呢？"孔子："唉！这些气量狭小的人，哪里数得上啊！"

13 出自《论语·公冶长》，意为：只有十户人家的小邑，必定有像我这样具有忠信品质的人，只是不如我这样好学罢了。

14 出自《论语·卫灵公》，意为：子贡问道："有没有一个字是可以终身奉行的呢？"孔子说："大概就是恕吧！自己不喜欢的事情，不要加给别人。"

15 出自《论语·里仁》，意为：先生的道，就是忠恕罢了。

颜渊问仁。子曰："克己复礼为仁。一日克己复礼，天下归仁焉。为仁由己，而由人乎哉？"颜渊曰："请问其目？"子曰："非礼勿视，非礼勿听，非礼勿言，非礼勿动。"颜渊曰："回虽不敏，请事斯语矣。"[16]

颜渊问什么是仁，怎么做到仁。孔子说"克己复礼为仁"。所谓克己就是克制自己，复礼就是按照礼去做，克制、去掉自己一些和礼不符的东西，按照礼的要求去做，"非礼勿视，非礼勿听，非礼勿言，非礼勿动"。凡是不符合礼的，不要看，不要听，不要说，不要做，视听言动都按照礼的要求，这就做到仁了。

孟懿子问孝，子曰："无违。"樊迟御，子告之曰："孟孙问孝于我，我对曰，无违。"樊迟曰："何谓也？"子曰："生，事之以礼；死，葬之以礼，祭之以礼。"[17]

父母生前依礼的要求侍奉，身后依礼的要求安葬和祭祀，这就是孝了。孝也落实到礼上。从这两章可以看到，仁和孝都落实到礼上，礼的规定就体现了德的要求。

16　出自《论语·颜渊》，意为：颜渊问怎样才是仁。孔子说："约束自己，一切都照着礼的要求去做，就是仁。一旦做到了这一点，天下就都归于仁了。实行仁德全在于自己，还能靠别人吗？"颜渊说："请问实行仁德的条目是什么？"孔子说："不合于礼的不要看，不合于礼的不要听，不合于礼的不要说，不合于礼的不要做。"颜渊说："我虽然资质迟钝，让我照这些话去做吧！"

17　出自《论语·为政》，意为：孟懿子问什么是孝，孔子说："孝就是不要违背礼。"一天，樊迟给孔子驾车，孔子告诉他说："孟孙问我什么是孝，我回答他说，不要违背礼。"樊迟说："这是什么意思呢？"孔子说："父母活着的时候，要按礼侍奉他们；父母死了，要按礼来埋葬他们、祭祀他们。"

所以说，"不学礼，无以立。"[18]

所以，孔子说为政，"**道之以德，齐之以礼**"；孔子说教育，"**博学于文，约之以礼**"[19]；颜渊说孔子的教育，"**博我以文，约我以礼**"[20]。"博学于文"是说要广泛学习经典，道理都在经典里。行为上要"约之以礼"，按礼的规范来约束。《论语》说："**子以四教：文、行、忠、信。**"学文，是学道，行，是据于德而行。礼的功能、作用是"齐"，是"约"，约束和统一人们的行为。道和德，是内在的灵魂，礼，是外在的规范、行为。德的教育，落实在礼的教育上。

这点很值得我们注意，即德的教育不是单纯的讲道理，《弟子规》就属于礼的层次和要求，依据是《论语》的内涵，说明了具体的行为规范的要求。现在有人说，"四书五经"都出自《弟子规》，其实《弟子归》开篇说得很清楚，"圣人训"就是孔子的话，当然出自《论语》。《弟子规》的教育起到很好的作用，值得肯定，但有人把它抬得那么高，是完全错误的。我们在其他德的教育上，也要注意落实到行为，所以进行德的教育，同时也是要进行礼的教育。

18 出自《论语·季氏》，意为：不学礼就不懂怎样立身。

19 出自《论语·颜渊》，意为：君子广泛地学习文献，又以礼来约束自己。

20 出自《论语·子罕》，意为：用文献丰富我的知识，用礼来约束我的言行。

三、两个问题

1. 关于对中国道德（或儒家道德）的认识。

有一种观点认为，儒家道德或中国传统道德的特性是人伦道德或角色道德。对此，有几点可以讨论。

第一，从前面所说，可知个别的人伦道德，只是儒家道德的一部分、一个层次。儒家道德中，德的主要部分，是共同的人际交往中的一般的德，是一个人应该怎么做的普遍道理。

"五四"时期，陈独秀说过：

记者之非孔，非谓其温良恭俭让、信义廉耻诸德及忠恕之道不足取，不过谓此等道德名词，乃世界普遍实践道德，不认为孔教自矜独有者耳。士若私淑孔子，立身行己，忠恕有耻，固不失为一乡之善士，记者敢不敬其为人？（答《新青年》爱读者）

吾人不满于儒家者，以其分别男女尊卑过甚，不合于现代社会之生活也。（答《新青年》爱读者）

可见当时新文化运动的领导人，就已经指出了儒家道德中两个层次的不同。并且明确说明他们反对旧道德，主要是反对反映等级制度要求，别尊卑明贵贱的那部分特殊的个别的德，这指那些三纲——君为臣纲，父为子纲，夫为妻纲，包括愚忠、愚孝这一套东西，而并非反对儒家道德之全部。而儒家道德中的"温良恭俭让、信义廉耻诸德及忠恕之道"等，则是"世界普遍实践道德"，是有普世价值意义的。

第二，儒家道德，是一个包含道、德、礼的体系。在现在一般所说的道德之上还有一个道的层次，而德又和礼不可分。这样的一个体系，反映出中西文化的差异，是儒家道德的更大特色。所以以角色伦理为儒家道德之特色，并不准确。以此作为儒家道德的一个特点则可，以此作为整个儒家道德的特点则不可。

第三，今天我们继承和发扬优秀传统文化、传统道德，既要继承和发扬民族的优秀传统美德，也要发掘和发扬传统道德的普世精神。"五四"时期陈独秀等人以这一部分不是中国所独有，不把它当作中国传统道德，有片面性，一定程度上导致对传统道德全盘否定的误解。今天应该全面认识传统道德，并且应特别注重对传统道德的普世价值的发掘和发扬。比如中国人关于和的观念，**"和为贵，和而不同"**，**"己所不欲，勿施于人"**，可以作为一个人类共同的最高的道德律条，发掘出来能够更好地发挥它的作用，更好地为人类作贡献。我们要发掘传统文化中的最基本的做人道理、为人之道。这些是古今中外都适用的。只有这样，中华文化才能更好地走出去，与其他文化交流；也只有这样，才能使传统道德更好地与现代社会和中国特色社会主义建设的要求相适应。对于个别的人伦的德，要注意适应时代的变迁，推陈出新，更新其具体内容。

2. 关于德的教育。

现在中小学校的中华文化或国学教育，一般主要是德的教育。有几个问题需要研究和讨论。

各年龄段不同的内容如何安排？

大体上和总的道德体系道、德、礼三个层次相适应，由浅入深，由低到高，要适应学生的认知特点和教育规律。小学以行为教育为主，要求做到知礼仪，守规矩。要制定一套小学生的行为规范，教育孩子知晓和懂得自觉遵守。通过行为教育，培养孩子不任性，凡事讲道理、守规矩；应该做的做，不应该做的不做，和关心他人、关心集体的习惯。在行为规范培养中要注意适应现代社会的发展需求，不能仅仅停留在《弟子规》或者传统的层面上，因为现代社会对我们个人的生活提出的要求更多，这也是一个推陈出新的问题。

初中以德行教育为主，培养良好的道德品质。以基本的德目和基础的为人之道（如见义勇为、见利思义、忠恕之道等）为中心，摘编文化经典、名言、人物故事，编写教材。通过教育，做到明是非、知荣辱，做一个文明有礼的中国人。

高中以理想信念、价值观教育，即道的教育为主。以《论语》为教材，选编部分或通读都可试验；个人倾向于通读全文。通过研读经典，了解中华文化核心价值，树立高尚的理想信念；严格自律，自觉修身，做堂堂正正的中国人，以中华民族伟大复兴为己任，努力奋斗。

第二，德的教育和道的教育的联系。

德的教育不能停留在知道怎么做的水平上，不仅要知道怎么做，更要知道为什么要这样做。《论语》在志于道、据于德之后还说要依于仁，就是说要能做到德和仁，这是在进行德的教育中特别要注意的。传统美德要推陈出新，赋予它新的内容和新的精神，发展到新的阶段，以适应时代的要求。为什么中国本来是个礼仪之邦，现在的中国人出国以后却被人认为不文明？关键在于我们已有的非常成熟的德的体系或者礼的体系是适用于中国传统的农业社会的，社会经济快速发展，现代社会生活向人提出了许多新的要求，很多人从农村农民的状态一下子富起来了，就跟不上时代的要求了。所以，一方面传统道德的内容要与时俱进，有新的内容、新的诠释；另一方面，要适应新的时代要求，丰富发展礼的内容，建立中国特色社会主义社会中新的礼的体系。

2018 年 10 月 24 日

补注：

6. 出自《论语·学而》，意为：为人弟弟和儿子回家要对父母孝顺对兄长敬爱，出外就对公卿忠诚敬爱，在家和外出对父兄和公卿都要言语小心而真诚，要广泛地爱众人，而亲近其中有仁德的人。

16. 出自《论语·颜渊》，意为：颜渊问怎样才是仁。孔子说："克制自己，（使自己的言语行动都）回到礼上来叫作仁。（人们）在一天的时间里克制自己，（使一切都）回到礼上来，天下就称许他是仁人了。行仁随着自己，难道还随着别人吗？"颜渊说："请问实行仁德的条目。"孔子说："不合于礼的不要看，不合于礼的不要听，不合于礼的不要说，不合于礼的不要做。"颜渊说："我虽然不聪慧，请允许我按照这话去做！"

18. 出自《论语·季氏》，意为：不学《礼》就没有什么用来立身的方法。

礼

中国人的行为规范

一、不学礼，无以立

在中国传统文化中，礼是非常重要的一个问题。《论语》好几处都讲"不学礼，无以立"，立就是立身，立身就要依据礼，不学礼就没有立足社会的依据。

孔子的儿子孔鲤，也是孔子的学生。有一次陈亢问孔鲤，说你有没有听你父亲给你特别讲点什么啊？意思就是说你父亲有没有给你开小灶，传授一些其他的道理。孔鲤说没有啊，只有两次庭训，孔子单独问他的学习，要他学诗、学礼，说"不学诗，无以言""不学礼，无以立"。可见孔子对礼是非常重视的。

二、礼是什么？

现在一般人讲到礼，就会想到是礼节、礼貌、礼仪。其实中国传统的礼，并不简单就是这些。它可以包含这三者，却不就是这三者。先父有一次接受一位美国学者访问的时候，讲过这么一段话：

在西方语言中，没有礼的同义词，在西方没有礼这个词，它是整个中国人世界里一切习俗行为的准则，标志着中国的特殊性。

也就是说，礼是中国特有的一种维护社会秩序的规范，是中国人一切习俗、行为的准则。在古代，人们的一切行为都要用礼来规范。大到天子祭天、祭祖、朝廷议事，诸侯国之间会盟、战争，小到婚丧嫁娶、家庭生活，以至日常生活中怎么坐、怎么走路、怎么站、怎么穿衣、怎么吃饭、人们之间相互怎么称呼等，都有一整套礼的规定。我们常说的站如松、坐如钟；《论语》里说的**"食不言，寝不语"**；还有节日的种种习俗，都属于礼。总之，礼就是中国人一切行为的一套规矩，人们生活的方方面面都受到礼的约束。换句话说，中国人就生活在礼里边；不懂得礼，行为就没有了依据，所以说**"不学礼，无以立"**。也正是因为一切都以礼规范，大家都依礼而行，中国获得了礼仪之邦的美名。

三、礼、法与德

礼跟法不一样。法是由国家制定的，法的基础是强力，靠国家的强力机关强制执行。礼不同，它不是由国家从上至下来制定，也不是靠国家的强力机关来维持；礼体现了道德的要求，它的基础是人们的道德自觉，是靠社会的习俗，靠社会的舆论来维持。礼对人们有约束，但不是强制性的。违反了礼，并不会受到法律制裁，但却会受到社会舆论的谴责。

礼和道德分不开。中国传统重道德。孔子主张为政以德，但是德比较抽象，不容易把握。前几年，我们提出依法治国和以德治国相结合。很多人反对，理由就是说德是抽象的、很虚的东西，没有办法把握，没有办法衡量。不像法，哪些是违法的，哪些是不违法的，都有明确的规定。其实，这个问题，在两千多年以前，孔子就把它解决了，就是用礼来体现德的要求。《论语》说：

君子义以为质，礼以行之。[1]

君子的本质是仁，通过礼来落实到行为中。

[1] 出自《论语·卫灵公》，意为：君子以义作行事的根本，用礼仪来实行它。

颜渊问仁。孔子说："**克己复礼为仁。**"所谓克己复礼，就是约束自己，按照礼的要求去做。这就是仁。颜渊又问，那具体呢？孔子说："**非礼勿视，非礼勿听，非礼勿言，非礼勿动。**"不合礼的事不看，不合礼的话不听，不合礼的话不说，不合礼的事不做，视听言动，看什么、听什么、说什么、做什么，都要符合礼，都按照礼去做，这就是做到了仁。

有弟子问，孝是什么，怎么做是符合孝道？孔子说："**生，事之以礼；死，葬之以礼，祭之以礼。**"父母在的时候，按照礼的要求侍奉他们；父母去世了，按照礼的要求去埋葬，按照礼的要求去祭祀，这就做到孝了。

这样，仁和孝落实到礼上，就成为具体实在的、可以检验的了。看一个人是不是仁，是不是孝，就看他是不是依礼的要求做就知道了。

现在很多人在读《弟子规》。《弟子规》的全部内容，就是根据《论语》里的一章，孔子说的"**弟子入则孝，出则弟，谨而信，而亲仁，行有余力，则以学文**"来编写的。讲孝、悌、谨、信等这些要求在实际生活中要怎么做。比如，"**父母呼，应勿缓；父母命，行勿懒；父母教，须敬**

听；**父母责，须顺承**"，这些也都是礼的要求。

所以，礼和仁是密切相连的。仁是灵魂，礼是形式。仁要落实到礼上，通过礼来检验。

另一方面，如果礼脱离了仁，那么礼的这些形式就毫无意义。孔子说：

礼云礼云，玉帛云乎哉？乐云乐云，钟鼓云乎哉？[2]

礼，不仅仅是指玉帛等这些礼器而言的；乐，也不仅仅是指钟鼓这些乐器而说的。必须要有仁的内涵。孔子又说：

祭如在，祭神如神在。吾不与祭，如不祭。[3]

祭祀就要带着诚心参加，就好像受祭者就在上面坐着一样，否则不如不祭。

这个问题是很现实的。譬如讲丧礼，是反映了人内心对父母的一种情感，父母去世之后的一种哀戚之情。现在有人形式上还是那么做了，甚至排场更大，花钱更多。但是自己呢，出殡的时候花钱雇人去哭，自己在那儿打麻将赌钱。在这种情况之下，丧礼还有意义吗？仁要落实到礼上，

2　出自《论语·阳货》，意为：礼呀礼呀，只是说的玉帛之类的礼器吗？乐呀乐呀，只是说的钟鼓之类的乐器吗？

3　出自《论语·八佾（yì）》，意为：在祭拜祖先的时候，就像祖先真的在受祭；祭神的时候，也好像真有神在受祭。我如果没有亲自参加祭祀，那就和没有举行祭礼一样。

才不会是一种抽象的东西；而礼必须要有道德的情感，才不会流于形式。现在清明节已经定为法定假日，很多人会去扫墓祭祖。我们又是带着什么样的心情去参加呢？如果是带着旅游的心情去，还有什么意义呢？天安门前的升国旗礼、黄帝陵的公祭等，这样重大的典礼，也有不少人只是当作旅游活动去参加，那也就失去了意义。

还有一句话："**慎终，追远，民德归厚矣。**"慎终、追远就是要认真地对待父母的丧礼和祭礼。这样做了，民风也就可以归于淳厚。就是说，认真执行礼的规范，反过来也可以潜移默化，起培养人们道德情感的作用。

礼之用，和为贵。[4]

礼的功用，是和。人的生活是社会性的，人都生活在一定的关系中，有一定的地位、身份；君臣、父子、夫妇、兄弟、朋友这五伦，是古代社会基本的人伦关系。礼就是在这种区别、分别的基础上产生的，它反映这种区别、分别，厘清和维持这种区别、分别。在此基础上调节这种差别，使各部分人都能各得其所，达到和的目标。简单地说，就是别中求和。

4 出自《论语·学而》，意为：礼的运用，以和谐为可贵。

受西方思想影响，现在我们许多人爱讲平等，认为礼的规范是封建等级制的反映，一概要不得；父子、夫妇、兄弟、朋友、同学、上下级……都只用一个"朋友关系"来概括。于是，孩子对父母直呼其名，甚至狎称"哥们儿"；父母、师长的批评、管教都被看作"不平等"，如此等等，总之是只知有"平等"，不知有"敬"。

现代社会人格上人人平等，父子、师生、上下级都应成为朋友，是对的。然而，父子、师生、上下级的关系毕竟各有不同，更不能等同于同学的关系。只讲平等和做朋友，不能反映父子关系，也不能处理好父子关系。

有一位朋友和我说，他和儿子建立了很好的朋友关系，平日儿子总叫他老张，不叫爸爸。只要他叫爸爸，就知道准是要钱。这个故事生动地说明，"朋友"概括不了父子关系的全部。这个孩子也清楚，对朋友是不能随意伸手要钱的；只有父母和子女之间，子女才可以向父母要钱。所以到要钱的时候就不能不叫爸爸了。他实际上承认了父子关系不同于一般朋友关系，但他的理解还是不对的。父母的抚养、教导是个人成长的基础条件。不懂得这一点，只在要钱的时候叫爸爸，没有感恩，没有敬爱，也没有学习受教的愿望，那也还是"父不父，子不子"，不是正常的父子关系。

四、礼的精神

仁是礼的灵魂。仁者爱人，爱是礼的根本精神。孟子说：

恭敬之心，礼也。[5]
辞让之心，礼之端也。[6]

恭敬、辞让，是"敬"的两方面的表现。所以礼的精神是"敬"，是"让"。遵守礼，就是守规矩。就是要求我们的一言一行，看什么、听什么、说什么、做什么，都要合于道德礼仪规矩的要求。这就要有所节制。人有七情六欲，情和欲两个方面都要有节制。对于欲，要取之有道，不取不义之财；对于情，《中庸》说：

喜怒哀乐之未发之谓中，发而皆中节之谓和。[7]

喜怒哀乐是人之常情，这是自然的，无所谓

5　出自《孟子·告子上》，意为：恭敬心就是礼。

6　出自《孟子·公孙丑上》，意为：谦让之心是礼的源头。

7　出自《中庸》，意为：喜怒哀乐的情感没有发生，可以称之为"中"；喜怒哀乐的感情发生了，但都能适中且有节制，可以称之为"和"。

是非善恶。人与外界接触，情就发而表现为行动。因为人是生活在群体中的，所以对情的表达就须有所节制。节制得好，才能达到和谐。我们见到一些报道，或因恋人提出分手而对其加以杀害；或因小事引发口角，或因自认受到屈辱，导致斗殴以至凶杀；还有学生杀害老师等恶性事件，屡有发生。重要原因之一往往就是不知节制，任性而为，情绪失控，丧失理智。很多情况下，一时性起，酿成大错；事件既发，顿感后悔，但为时已晚。我们只能说，虽情有可原，但罪不能赦。学会自我节制，实为青少年修养、成长和维护社会和谐安定的大问题。《论语·学而》说：

礼之用，和为贵。先王之道斯为美，小大由之。有所不行，不以礼节之，亦不可行也。[8]

节，也是礼的重要精神。

礼的精神，为爱、敬、让、节、和。和是中国传统文化追求的最高目标。爱、敬、节、让，都是为了这个目标。人人以和为贵，明礼、守礼，使人际交往中处处充满爱、敬、让、节，社会就会变得温馨、和谐，礼仪之邦也就会重现其光辉，为人类文明进步做出更大贡献。

8 出自《论语·学而》，意为：礼的运用，以和谐为可贵。先王治国之道的好处正在这里，不论小事大事都照这样去做。但也有不能这样做的。只知道要和而一意求和谐，不用礼来节制，也是不可行的。

五、礼的变革和发展

礼是随着人们的社会关系的变化而变化的。近代以来，我国社会已经发生了根本的变化，礼也自然随着而发生变化。今天来学习理解关于礼的知识，不是也不能完全照搬古代的礼，对古代的礼要有分析。

古代的礼一个重要方面，是为人们划分贫、富、贵、贱等，反映了等级制的需要。这一部分具体内容，已不能适应今天时代的要求。五四新文化运动批判旧礼教，就是要破除这种等级制礼教的束缚。实际上，这一部分大多也已经在实际生活中被淘汰。如古代的君臣之礼，见皇帝三跪九叩首等，早已废除了。这一类的情况很多，也很清楚，不必多说。

更多的情况是，原来的礼仍然需要，而由于社会和生活方式的变化，形式要有改变。人们交往中，一般的跪拜、作揖，很少用了；通常都改用鞠躬、握手，但精神没有变，都是表示互敬。孝的具体表现形式也有变化。《论语》里有一段话："**父母在，不远游；游必有方。**"[9] 这是孝的具

9 出自《论语·里仁》，意为：父母在世，不出远门，如果不得已要出远门，也必须有一定的去处。

体要求，也属于礼。当年交通、信息都不便，这样要求是为了免得父母担心，体现了孝。现在经济全球化的背景下，交通、信息都极其便利，年轻人志在四方，到全球各地学习、发展，不远游的要求显然是不适用了。但是如何慰藉空巢家庭老人精神的寂寞呢？这就要有新的形式。没有文件规定，没有人特意提倡，一曲《常回家看看》，一经唱出，立刻引起强烈反响，成为人们行为的准则。这个例子生动地反映了礼随社会演变而发生的变化。

这两个例子说明礼已经变了，也已经为人们所接受了。还有许多原来的礼不适应或不完全适应，需要改，但新的形式还没有形成，还有待改革，或正在改革过程之中。如婚礼，男女婚嫁，组成家庭，是人生大事，也是人类社会生活的大事，因此中外都有庄严、隆重的婚礼。中国古代坐花轿、拜天地那一套，显然与现代生活不相适应了。但至今没有形成一种为大众所接受，又符合时代需要的新的婚礼形式。一些情况下，婚礼往往只是追求排场的豪华和气氛的热闹，变成只是高级轿车车队的招摇过市和酒席宴会上的敬烟劝酒，失去了意义。

服饰，是礼的重要方面。古代对于什么身份在什么场合应穿什么样的衣服，都有明确规定。这一点，《论语》中也有具体的描述。而服饰又是不断发展变化的，历史上，汉、唐、宋、明、清都不同。近代以来融入了西方服饰文化的元素，孙中山创造中山装，代表了一个时代。近几十年又经历着变革。许多人以西服为"正装"，这从某一个方面反映了改革开放，但又让人们感到失去了民族性。很多人呼吁重建民族服装，而什么是民族服装的代表？汉服、唐装，还是中山装？又莫衷一是。如何找到既传承民族传统、有民族特色，又反映时代精神、与现代生活方式相适应的民族服装，还是需要研究解决的问题。

又有一种情况，许多礼俗在近代的发展中丢失了，需要恢复；而这种恢复也不是完全复旧，而应是恢复中有改革、有发展。

传统节日的礼俗，包含深厚的文化意义，是礼的重要体现。清明、端午、中秋、重阳、冬至以及农历岁除与元旦，有着丰富多彩的习俗。这些习俗中都蕴藏、反映着中国人的理想、情趣和伦理情感。如钱穆先生所说，其中：

无时不见有天人之相亲。中国人之人生理想与其人生乐趣，亦于其中蕴藏透露。活泼泼地寓敬畏心于欢乐中，更见甚深艺术情味。

因此历来诗人歌咏，涉及四时节令者，也是盈篇累什。所以：

"礼寓于俗，俗中见礼"，"礼渐化为俗，俗又归之诗人之歌咏。……今若把此诸俗，一并取消，则不仅使中国人生减其情趣，亦将使中国人生失其灵魂"。[10]

可是几十年来传统节日礼俗严重缺失，人们往往把节日只当作休闲假期，只求热热闹闹，玩好吃好，奢靡浪费，大吃大喝，甚至酗酒赌博；或把节日看成单纯的赚钱机会，只问经济，不问其他；或崇洋轻中，对"洋节"趋之若鹜，对自己民族的节日则冷漠处之，甚至茫然不知。现在这个问题重又受到重视，清明、端午、中秋和农历年节（春节）已经被定为国家法定节日。而恢复、传承、发展传统节日礼俗，过好这些节日，则还有待于努力。

称谓是礼的重要方面。古代讲究尊称、谦

10　语出《双溪独语·篇七》，见《钱宾四先生全集》第47册，第135—136页，台湾联经出版事业公司，1998年。

称，有一整套礼的规定，体现着人们之间的互敬、互爱，也反映出人们之间不同的关系。近代以来已有变化。反映等级制度的称谓被废除，党中央曾作出规定，革命队伍中一律不以职务相称，反映了新的人际关系。到现在，古代和近代许多好传统却被遗忘，称谓上表现出无序状态。直呼其名成为习惯；对不同身份的人用同一称谓，一时称师傅，一时又称老师；近年又盛行以职务官位相称，谓某长、某总，即使已经卸任退位，也必依旧；甚至学校、行政机关也以"老板"称呼教师和首长。如此等等，不能准确反映现实人们应有的相互关系，是值得注意的问题。

特别是需要适应现代社会的需求，进行现代礼的建设。古代社会建立在个体农业基础之上。古代的礼，主要也只是局限于古代五伦的私人生活的领域，而缺乏公共生活领域的规范。随着社会的发展，社会生活占了愈来愈大的比重，社会生活中要遵守的规矩会愈来愈多。比如说交通，过去农业社会，人少，车少，有车也只是牛车、马车，速度慢，所以不存在交通规则的问题。可是现在工业社会，城市人口密集，交通工具也多了，汽车的数量以惊人的速度增长，如果没有一个规则来制约，那么社会就会陷入混乱。

　　类似的问题还有很多，过去人口稀少，大部分人住在农村，地域空旷，所以讲话的时候就习惯大声，小声了对方就听不到。现在不行了，公共生活的领域大大扩大了，在公共生活场所，要考虑对他人的影响，就不能大声喧哗。

　　总之，生活方式变了，对我们行为的要求也变了，所以礼也要变，要有新的规矩、新的礼。像交通规则、公共卫生、环境问题、在公共场合大声喧哗等，这些问题，都要有规矩。没有规矩，人们的行为就没有个遵循。近年中国人外出旅游，常常被人家批评为不文明，就是在这样一些问题上，我们不少人没有这个习惯，不懂现代社会这些规矩。所以要在这些方面建立新的礼的规范，让大家遵循，来培养人们的自觉。有关方面发布的《中国公民出境旅游文明行为指南》和《中国公民国内旅游文明行为公约》就是这方面的一个重大措施。这两个文件，不是法规，而是礼的规范。通过这样的具体的规范，可以让大家明白什么是文明的要求，什么是不文明的表现，从而提高人们的文明意识，促进社会的和谐。

　　随着居住条件的改善，现在城市居民中要

求来客进门换鞋的情况日益增多，有形成礼的趋势。从客人方面来说，这样做体现了对主人的敬。然而从主人方面看，这样要求实际上是给客人的来访提出了条件，考虑了自己居室的清洁，却不能保证供客人使用的拖鞋的清洁卫生，有对客人不够尊重之嫌。因而对此存在着争议，有待进一步完善。所以，如何适应新的需要建立新的礼的规范，如何在新的礼的规范中体现传统精神和现代社会的人际关系，都需要研究、创造。

2009 年 9 月 2 日

补注：

1. 出自《论语·卫灵公》，意为：君子用合宜的行为作为本体，用礼节从事它。

3. 出自《论语·八佾 (yì)》，意为：祭祀宗庙，就像祖宗存在一样；祭祀百神，就像神灵存在一样。我如果没有亲自参加祭祀，那就和没有举行祭礼一样。

4. 出自《论语·学而》，意为：礼的功用，是把适中的作为可贵的。

8. 出自《论语·学而》，意为：礼的功用，是把适中的作为可贵的。先王治国之道，把这个作为好的，不论小事大事都照样去做。（还）有不能施行的地方，（是因为只）知道礼以适中为贵，而每事都依从适中去做，不用礼来节制它，也是不可行的。

修　身

《大学》：

自天子以至于庶人，壹是皆以修身为本。

孔子说君子：

修己以敬，修己以安人，修己以安百姓。

修己，是根本，是基础。读《论语》，根本就在修身。

一、为己有耻

修身的根本，在为己有耻。

子曰："古之学者为己，今之学者为人。"

孔子此语，集中反映了儒学的根本精神。儒家道德精神，一言以蔽之，就是"为己"二字。所以儒学亦称"为己之学"。

为己，是说所学所为都是出于自己内心要求，既不是畏惧外力的强制，也非顾虑世人舆论的评议，更非讨好他人，沽名钓誉；只为求自己心安，除此别无他求。为人，则是所学所行为求人知，借以博取名利，与自身身心修养无关。用今日的语言说，就是作秀，所说所为，都是给人家看的。

为己，说的是道德的基础问题。基督教的道德，基础是上帝；佛教的道德，基础是佛陀；中国儒家道德的基础，是自己的道德良心。

《论语》多处反映了为己的精神：

> 宰我问："三年之丧，期已久矣。君子三年不为礼，礼必坏；三年不为乐，乐必崩。旧谷既没，新谷既升，钻燧改火，期可已矣。"子曰："食夫稻，衣夫锦，于女安乎？"曰："安。""女安则为之。夫君子之居丧，食旨不甘，闻乐不乐，居处不安，故不为也。今女安，则为之！"宰我出，子曰："予之不仁也！子生三年，然后免于父母之怀，夫三年之丧，天下之通丧也。予也有三年之爱于其父母乎？"[1]

孔子与宰我讨论丧礼，只问宰我能否心安。宰我答"安"，孔子说**"女安，则为之"**。为与不为，全决于是否心安。孔子又说，有德君子在父母去世后**"食旨不甘，闻乐不乐，居处不安"**，**"故不为也"**，其守丧非为其他，只是出于内心需要，求自身的心安。其所以如此，则是因为"子

1 出自《论语·阳货》，意为：宰我问："服丧三年时间太长了。君子三年不学习《礼》，礼法一定会败坏；三年不学习《乐》，音乐一定会败坏。旧谷吃完，新谷已经成熟，钻燧取火的木头轮过一遍，有一年的时间就可以了。"孔子说："才一年时间就吃大米饭，穿锦缎衣，你心安吗？"宰我说："安。"孔子说："你心安，你就那样去做吧！君子处于丧期，吃美味不觉得香甜，听音乐不觉得快乐，住在家里不觉得舒服，所以才不这样做。现在你既觉得心安，那就那样去做吧！"宰我出去后，孔子说："宰予真是不仁啊！孩子生下来，三年以后才能脱离父母的怀抱。三年的丧期，是天下通行的丧礼呀。宰予对他的父母是不是也有三年的爱呢？"

生三年，然后免于父母之怀"。最后责问宰我，"予也有三年之爱于其父母乎?"直指宰我内心。中心紧扣"心安"，体现了为己的精神。

颜渊季路侍。子曰："盍各言尔志。"子路曰："愿车马，衣轻裘，与朋友共，敝之而无憾。"颜渊曰："愿无伐善，无施劳。"子路曰："愿闻子之志。"子曰："老者安之，朋友信之，少者怀之。"[2]

颜渊说："愿无伐善，无施劳。"希望能做到不夸耀自己的好处，不宣扬自己的功劳。为善建功，都只为求心安，不求其他，所以不夸耀、不宣扬。正是体现了为己的精神。

子曰："孟之反不伐，奔而殿，将入门，策其马，曰：非敢后也，马不进也。"[3]

作战败退，孟之反殿后，将进城门的时候，他鞭打着他的马说，不是我敢于殿后，是马不能跑到前边呀。也是不伐善、不夸耀的意思。

为说明为己的精神，摘引几段古籍的记载。《史记·吴太伯世家》记：

吴使季札聘于鲁……使齐……适晋……季札

2 出自《论语·公冶长》，意为：颜渊和子路侍立在孔子身边，孔子说："何不各人说说自己的志向？"子路说："我愿意把车马衣服拿来与朋友共用，坏了也不抱怨。"颜渊说："我愿意不夸耀自己的好处，不宣扬自己的功劳。"子路向孔子说："希望听听老师的志向。"孔子说："使老者安心，使朋友信任我，使年轻人怀念我。"

3 出自《论语·雍也》，意为：孔子说："孟之反不夸耀自己。打仗败退时，他在后面阻击敌人，快进城门的时候，他鞭打着他的马说，不是我敢于殿后，是马不能跑到前边呀。"

之初使，北过徐君。徐君好其剑，口弗敢言。季札心知之，为使上国，未献。还至徐，徐君已死。于是乃解其宝剑，系之徐君冢树而去。从者曰："徐君已死，尚谁予乎？"季子曰："不然。始吾心已许之，岂以死倍吾心哉！"

季札出使齐国，途经徐国，见徐君。徐君喜欢季札的佩剑，不便开口。季札心知，但因出使重任在肩，不能相赠。待季札出使归来再经过徐国，徐君已死。季札解下佩剑挂在徐君墓前树上而去。从者问，徐君已死，还送给谁呢？季札说，不对。"始吾心已许之，岂以死倍吾心哉！"我来时心里已经决定要把剑送给徐君，岂能因为徐君死了就背叛自己的心呢？

《左传·宣公二年》记：

晋灵公不君，宣子骤谏。公患之，使鉏麑贼之。晨往。寝门辟矣。尚早，坐而假寐。麑退而叹，言曰："不忘恭敬，民之主也。贼民之主，不忠。弃君之命，不信。有一于此，不如死也。"触槐而死。

晋灵公违背君道，宣子激烈批评。灵公不

满，派鉏麑去杀了宣子。清晨鉏麑到宣子家，见屋门已经打开，宣子穿戴整齐，准备上朝。见时间尚早，端坐着等待。鉏麑见状，说："不忘恭敬，民之主也。贼民之主，不忠。弃君之命，不信。有一于此，不如死也。"就在门前的槐树上撞死了。

《左传·襄公二十五年》记：

齐崔杼杀齐庄公，太史书曰："崔杼弑其君。"崔子杀之。其弟嗣书而死者二人。其弟又书，乃舍之。南史氏闻太史尽死，执简以往。闻既书矣，乃还。

齐国崔杼杀了齐庄公。史官记载："崔杼弑其君。"崔杼把史官杀了。史官的弟弟接着还是写"崔杼弑其君"，接连被杀了两人。第三个弟弟又接着写，崔杼只好不再杀了。与此同时，南方一位史官听说了，自己拿着竹简赶往齐国，准备齐国史官被杀光了自己来接着写。途中听说已经记载下来，就回去了。

《左传·庄公十九年》记：

巴人伐楚，楚子御之，大败于津。还，鬻

（yù）拳弗纳，遂伐黄。败黄师，还及湫，有疾，卒。鬻拳葬诸夕室，亦自杀也。初，鬻拳强谏楚子，楚子弗从，惧之以兵，惧而从之。鬻拳曰："吾惧之以兵，罪莫大焉。君不讨，敢不自讨乎？"遂自刖（yuè）也。

鬻拳强谏国君，甚至实行兵谏。鬻拳说："吾惧君以兵，罪莫大焉。君不讨，敢不自讨乎？"对自己行了刖刑。最后一次国君兵败，鬻拳关闭城门，不让国君进城，致使国君死于路途。鬻拳安葬国君后，也自杀了。

《左传·僖公三十三年》记：

文嬴请秦三帅，晋侯释之。先轸朝，问秦囚。公曰："夫人请之，吾舍之矣。"先轸怒曰："武夫力而拘诸原，妇人暂而免诸国，堕军实而长寇仇，亡无日矣。"不顾而唾。秋，狄犯晋，先轸曰："匹夫逞志于君而无讨，敢不自讨乎？"免胄入狄师，死焉。

应夫人求情，晋国君释放了俘虏的秦国将军。大将先轸大怒说，战士在战场拼死俘虏了他们，现在听女人的话就放了，长敌人威风，灭自己的士气，国家要亡了。头也不回，吐口唾沫而走。当年秋天，狄人来犯。先轸说："匹夫逞志于君而无讨，敢不自讨乎？"不穿盔甲冲入敌阵战死。

季札挂剑，鉏麑、鬻拳自杀，齐史官冒死记载崔杼弑其君，先轸不穿盔甲入敌阵而战死，既非受人胁迫，也非谋求名利，完全出于内心要求。为了不背己心，求一己心安，虽他人不讨，亦不敢不自讨，表现出极高的为己的道德精神。

为己和为人表现于现实生活：一位老人有四个子女，原本由子女轮流赡养。后因病住院，病愈要出院，子女不愿赡养老母，互相推诿（wěi），久拖不决。甚至医院把老人送回子女家后，又被子女送回医院。后来忽然子女中有一人主动把老母接走了。原来是因为他听说虐待父母要被判刑，害怕了。他这就是为人，不是为己。尽管行为上是把母亲接回去了，可内心只是害怕受罚，没有一点儿孝心。还有人说，公交车上给老年人让座，让是为他人，不让是为自己。这样，他即使让了，也不是道德行为。

为己的精神落实于日常生活，表现于多方面。

其一，身体力行，言行一致。即是出于内

心要求，求一己心安，自然体现在自身，心口如一，说到做到。心中想的，口中说的，身体行的，都相一致。内外一致，言行一致，是儒者的基本追求和应有的品质。

其二，不欲人知，不图回报。完全地为己，只求心安，别无他求，所以，为善不欲人知，施恩不图回报。颜渊言志，说"**愿无伐善，无施劳**"，朱伯庐治家格言说"**施惠无念，受恩莫忘**"，"**善欲人见，不是真善**"，都反映了这一精神的要求。雷锋做好事不留名，是这一精神的继承和发扬。

其三，能慎独。为己，就能慎独。慎独，就是在一个人独处，或者只是你心中在想，没有见之于行动、没有他人知道的情况下，也能够谨慎小心，实实在在、不折不扣地履行道德的要求。慎独是为己的具体化，真正为己，才能做到慎独；也只有能慎独，才是真正为己。

其四，能自责。身体力行，言行一致；不欲人知，不图回报；能慎独；能自责者，是有德君子的道德行为。而那些夸夸其谈、言行不一，善欲人见、喜爱自夸，人前一面、人后一面，不知自省、文过饰非的人和行为，则是小人无德的表现，至少也是缺乏真正的道德精神，不能说是真正的道德行为和真正的有德君子。

为己的一个表现，是知耻。

子贡问曰："何如斯可谓之士矣？"子曰："行己有耻，使于四方，不辱君命，可谓士矣。"[4]

愚以为圣人之道如之何？曰"博学于文"，曰"行己有耻"。（顾炎武）

为己，自己有一个标准、一个底线，清楚地知道什么该做、什么不该做，就会有羞耻感。有羞耻感，就会知耻，有所不为。为人，自己心中没有个标准，就没有羞耻心。无羞耻之心，就会无所不为。无所顾忌，无所不为，这样的人是危险的，也是无可救药的。所以人不可以无耻。对于人，最可怕的就是无耻，有可耻之行而不以为耻。

所以，羞耻心是一切道德的基础。孝悌忠信礼义廉耻，最重要的是一个耻字。没有羞耻心，谈不上道德。

《论语》还说到修身的其他原则和方法。

4　见第四讲，注释11。

二、为仁由己

为仁由己，而由人乎哉？[5]

有能一日用其力于仁矣乎？我未见力不足者。[6]

仁远乎哉？我欲仁，斯仁至矣。[7]

道德修养全靠自己，做好做坏完全掌握在自己手中。既不能依靠外力，也不会心有余而力不足；没有什么外在因素可以代替自己的努力，也没有什么外在因素能阻止人自觉向善。

三、求诸己

君子求诸己，小人求诸人。

遇事首先要求自己，从自己做起，而不怨天尤人。《论语》中多处讲到这个意思。

不患无位，患所以立；不患莫己知，求为可知也。[8]

不患人之不己知，患其不能也。[9]

5　见第四讲，注释16。

6　出自《论语·里仁》，意为：有人能把他一天的力量都用在仁上吗？（假如有的话）我没有见过力量不够的。

7　出自《论语·述而》，意为：仁离我们很远吗？我想要仁，那么仁就到了。

8　出自《论语·里仁》，意为：不愁没有职位，只愁自己没有能够任职的才学本领；不愁没有人知道自己，只求自己有真才实学值得为人们所知道。

9　出自《论语·宪问》，意为：不忧虑别人不了解自己，只怕自己无能呀。

君子病无能焉，不病人之不己知也。[10]

"求诸己"的另一面，是待人要宽。

躬自厚而薄责于人，则远怨矣。[11]

以上两点，亦为修身的基本原则。为己、由己、求诸己，都落实在"己"上。落实在每一个人的自觉和努力，从自己做起。

《论语》还讲到若干修身的方法、功夫。

四、好学

《论语》首章就谈学：

学而时习之，不亦说乎？有朋自远方来，不亦乐乎？人不知而不愠，不亦君子乎？

反映孔子对学的重视。

好仁不好学，其蔽也愚；好知不好学，其蔽也荡；好信不好学，其蔽也贼；好直不好学，其蔽也绞；好勇不好学，其蔽也乱；好刚不好学，其蔽也狂。[12]

10 出自《论语·卫灵公》，意为：君子只忧虑自己无能，不忧虑别人不了解自己。

11 出自《论语·卫灵公》，意为：督责自己严而对人督责宽，就可以避免怨恨了。

12 出自《论语·阳货》，意为：爱好仁而不爱好学习，其弊病是容易受人愚弄；爱好智而不爱好学习，其弊病是好高骛远而没有基础；重视诚信而不爱好学习，其弊病是反而会被伤害；重视直率而不爱好学习，其弊病是急切而尖刻刺人；爱好勇力而不爱好学习，其弊病是犯上作乱；爱好刚强而不爱好学习，其弊病是狂妄。

不学，一切美德都成弊病。

生而知之者，上也；学而知之者，次也；困而学之，又其次也；困而不学，民斯为下矣。[13]

人的高下取决于对学的态度。据此把人分为生而知之、学而知之、困而学之、困而不学几等。他把"学而知之"列在"困而学之"之前，而把"困而不学"者列为最下等，对这些人表示忧虑，表明了他对学的重视，提倡主动学习的态度。

德之不修，学之不讲，闻义不能徙，不善不能改，是吾忧也。[14]

择善而从，见不善而改，就是学，就是修身。他还自述：

默而识之，学而不厌，诲人不倦，何有于我哉？[15]

若圣与仁，则吾岂敢？抑为之不厌，诲人不倦，则可谓云尔已矣。[16]

十室之邑，必有忠信如丘者焉，不如丘之好学也。[17]

13 出自《论语·季氏》，意为：生来就知道古道的人，是上等；学习以后才知道古道的，次一等；遇到了困难再去学习的，又次一等；遇到困难还不学习的，这种人就算作下等的了。

14 出自《论语·述而》，意为：对品德不去修养，对学问不去讲习，听到义的道理不能改变自己的想法按义的要求去做，有了不善的事不能改正，这些正是我所忧虑的。

15 出自《论语·述而》，意为：默默地记住所学的知识，努力学习古道不满足，教导别人不知疲倦，这在我有什么困难呀？

16 出自《论语·述而》，意为：如果说圣与仁，那我怎么敢当？不过是学习先王之道不知满足，教导别人不知厌倦，只可以说如此而已。

17 出自《论语·公冶长》，意为：只有十户人家的小邑，必定有像我这样具有忠信品质的人，只是不如我这样好学罢了。

说他的主要长处只是"好学""学之不厌"。他的弟子则说，这一点"正唯弟子不能学也"，正是弟子所学不到的。

五、自省

曾子曰："吾日三省吾身，为人谋而不忠乎？与朋友交而不信乎？传不习乎？"[18]

见贤思齐焉，见不贤而内自省也。[19]

子曰："三人行，必我有师焉，择其善者而从之，其不善者而改之。"[20]

子曰："已矣乎！吾未见能见其过而内自讼者也。"[21]

见贤思齐，见不贤而内自省；择善而从，见不善而改，就是自省。自讼，在自省基础上的自责、自罚。是完全不必借助于外力（如关禁闭、行政处罚之类）的为己的行为。

六、改过

哀公问："弟子孰为好学？"孔子对曰："有

18 出自《论语·学而》，意为：曾子说："我每天三次反省自己。为别人办事是不是尽心竭力了？同朋友交往是不是做到诚实可信了？老师传授给我的学业是不是复习了？"

19 出自《论语·里仁》，意为：见到贤人，就希望向他看齐；见到不贤的人，就自己反省有没有类似的毛病。

20 出自《论语·述而》，意为：几个人同行，一定有人可以作为我值得学习的老师，选择他们的优点而加以学习，对他们的缺点要引以为戒，并加以改正。

21 出自《论语·公冶长》，意为：孔子说："算了吧！我还没见过能觉察出自己的错误而在内心自我责备的人。"

颜回者好学，不迁怒，不贰过。不幸短命死矣，
今也则亡，未闻好学者也。"[22]

不贰过，不重复犯错误，同样的错误不犯第
二次，孔子说这是好学的表现，说明孔子非常重
视从错误中学习。实践中错误过失是难免的，不
能要求人们不犯错误，只能要求通过总结经验教
训，找到错误的原因和避免再犯的方法，从而做
到"不贰过"。这是一个学习的过程，也是修身
的重要方法。

《论语》里面多处讲到这个意思。如：

过，则勿惮改。[23]

过而不改，是谓过矣。[24]

有错误，不要怕改正；有了错误而不改，才
真正叫作错误。所以不是要求不犯错误，而是要
求错了能改，不再犯同样的错误。

子贡曰："君子之过也，如日月之食焉：过
也，人皆见之；更也，人皆仰之。"[25]

小人之过也必文。[26]

这是君子和小人对待错误的不同态度。对错

22 出自《论语·雍也》，
意为：鲁哀公问："你的学
生中哪个喜爱学习？"孔子
回答说："有个颜回好学，
他不迁怒于别人，有错误能
不再犯，可惜短命死了。现
在没有了，没有听说有谁是
好学的。"

23 出自《论语·学而》，
意为：有了过失不要怕改正。

24 出自《论语·卫灵公》，
意为：有了过错而不改正，
这就真叫过错了。

25 出自《论语·子张》，
意为：子贡说："君子的过
错好比日食月食。他犯过
错，人们都看得见；他改正
过错，人们都仰望着他。"

26 出自《论语·子张》，
意为：小人犯了过错一定要
掩饰。

误的态度，也是区分君子和小人的一个标志。有
过公开改正，接受监督，才能不贰过；文过饰
非，逃避监督，终将陷于不拔。

七、力行

修养的一个重要要求是言行一致，表里一
致，内外一致。《论语》说：

君子耻其言而过其行。[27]

以说得多做得少为耻。还有：

子贡问君子。子曰："先行其言而后从之。"[28]

要求先做后说，没做到的，做不到的，就不
要说。

子曰："君子欲讷于言而敏于行。"[29]

行动要敏捷、要快，不要迟缓、拖拉，说话
要谨慎，不要不经思考就抢着说。讷，原意是迟
钝，这里是用讷形容说话谨慎，看起来好像反应
迟钝一样。

27　出自《论语·宪问》，
意为：君子以说得多做得少
为可耻。

28　出自《论语·为政》，
意为：子贡向孔子问君子的
修养问题。孔子说："先实
行你所要说的话，然后再
说。"

29　出自《论语·里仁》，
意为：孔子说："君子总想言
语要迟钝，而做事要敏捷。"

子曰："古者言之不出，耻躬之不逮也。"[30]

子路有闻，未之能行，唯恐有闻。[31]

所以讷于言，就是因为担心说了做不到；已经知道的道理还没有做到，唯恐再有所知。都是强调力行，说的话一定要能做到。

八、克己

颜渊问仁。子曰："克己复礼为仁。"

克服自己身上与礼的要求不合的东西，按照礼的要求去做，就是仁。礼是标准；复礼，一切按礼的要求做，是目标；克己是手段、方法。

子曰："巧言乱德，小不忍则乱大谋。"[32]

忍，也就是要克制。学会自我节制，实为青少年修养、成长和维护社会和谐安定的大问题。

九、守死善道

子曰："笃信好学，守死善道。危邦不入，乱邦不居。天下有道则见，无道则隐。邦有道，贫

30 出自《论语·里仁》，意为：孔子说："古人的言论不轻易出口，是以自己的行为跟不上为可耻呀！"

31 出自《论语·公冶长》，意为：子路在听到一则道理但还没有能亲自实行的时候，唯恐再听到新的道理。

32 出自《论语·卫灵公》，意为：孔子说："花言巧语会败坏人的德行，小事情不忍耐就会坏大事。"

且贱焉，耻也；邦无道，富且贵焉，耻也。"³³

子谓颜渊曰："用之则行，舍之则藏，惟我与尔有是夫！"³⁴

子曰："邦有道，危言危行；邦无道，危行言孙。"³⁵

世事复杂多变。如何在多变之时世中坚守其道，是现实的重要问题。有道则见，无道则隐；用之则行，舍之则藏；危言危行，危行言孙，见与隐，行与藏，危与孙，都是为善其道。而能做到如此的前提是笃信好学。

从道说，要守死善道；邦有道，如矢，邦无道，如矢。从行说，可以见，可以隐；可以用，可以藏；可以去，可以谏。现实中应兼顾二者，恰当配合。如何运用，有赖于智慧。

所有这一切，根本基础在为己有耻。没有为己有耻的精神，这一切全都谈不上。

2016 年 11 月 12 日
2018 年 10 月 29 日

33　见第二讲，注释 9。

34　出自《论语·述而》，意为：孔子对颜渊说："有能用我之道的，就去推行它；没有用此道的，就把它隐藏在身，只有我与你能这样吧。"

35　出自《论语·宪问》，意为：孔子说："国家有道，要正言正行；国家无道，要正行，但说话要谦顺。"

补注：

2. 出自《论语·公冶长》，意为：颜渊和子路陪伴在孔子身边。孔子说："何不各人说说自己的想法。"子路说："我愿意把车马衣服拿来与朋友共用，把它用坏了也不遗憾。"颜渊说："我愿意不夸耀自己的好处，不夸大自己的功劳。"子路向孔子说："希望听听老师的想法。"孔子说："使老者安乐，使朋友诚实可信，使年轻人们顺服。"

11. 出自《论语·卫灵公》，意为：自己多要求自己而对别人少要求，就使怨恨远离自己了。

12. 出自《论语·阳货》，意为：喜爱仁而不爱好学习，使人蔽塞而变得愚笨；爱好智而不爱好学习，使人蔽塞而变得无所适从；重视诚信而不爱好学习，使人蔽塞而害人害己；重视直率而不爱好学习，使人蔽塞而变得急切；爱好勇力而不爱好学习，使人蔽塞而犯上作乱；爱好刚强而不爱好学习，使人蔽塞而变得急躁轻率。

14. 出自《论语·述而》，意为：对品德不去修养，对学问不去讲习，听到有应当做的事，不能暂时放下可以不做的事，而改从应当的事，（自己身上）不好的地方不能改正，这些正是我所忧虑的。

18. 出自《论语·学而》，意为：曾子说："我每天从三个方面反省自己。替别人考虑事情不尽心竭力吗？同朋友交往是不是做到诚实可信了？传授学业给弟子的事事先不研习吗？"

25. 出自《论语·子张》，意为：子贡说："君子犯了过错好比日食月食。日食月食的时候，人们都看见了它；变回原来样子的时候，人们抬头仰望它的光明。"

『和』与『中庸』

《论语》中直接讲到"和"的，有以下两章：

有子曰："礼之用，和为贵。先王之道，斯为美，小大由之。有所不行，知和而和，不以礼节之，亦不可行也。"[1]

子曰："君子和而不同，小人同而不和。"[2]

"和为贵"是从价值观的角度讲，"和"是人事追求的最高价值目标。不过也不是说任何条件下都能够这样，"知和而和，不以礼节之，亦不可行也"。

子曰："乡愿，德之贼也。"[3]

子曰："唯仁者能好人，能恶人。"[4]

"和"不是无原则的。不是八面玲珑，四方讨好，谁也不得罪。唯仁者能爱其所当爱，恶其所当恶，这样才能有和。"和"是最高的价值目标，而且要以仁、礼为基础。

"和为贵"反映了中华文化的根本宇宙观。"和"是与"同"对举，是对宇宙的根本认识，不是与斗或争对举。春秋时期就有关于"和"与"同"的讨论。

1 见第五讲，注释8。

2 出自《论语·子路》，意为：孔子说："君子能取长补短，协调各种不同的意见，但不盲从附和；小人只求完全一致（或盲从附和），不讲不同意见的协调。"

3 出自《论语·阳货》，意为：孔子说："那种谁也不得罪的好好先生是败坏道德的人。"

4 出自《论语·里仁》，意为：孔子说："只有仁人才能爱人和恨人。"

和如羹焉。水火、醯醢、盐梅以烹鱼肉，燀（chǎn）之以薪，宰夫和之，齐之以味，济其不及，以泄其过，君子食之，以平其心。君臣亦然，君所谓可，而有否焉，臣献其否，以成其可；君所谓否，而有可焉，臣献其可，以去其否。是以政平而不干，民无争心。……声亦如味，一气、二体、三类、四物、五声、六律、七音、八风、九歌，以相成也；清浊、小大、短长、疾徐、哀乐、刚柔、迟速、高下、出入、周疏，以相济也。君子听之，以平其心，心平德和。……若以水济水，谁能食之？若琴瑟之专一，谁能听之？同之不可也如是。（《左传·昭公二十年》）

夫和实生物，同则不继。以他平他谓之和，故能丰长而物归之，若以同裨同，尽乃弃矣。（《国语·郑语》）

"和"与"同"是春秋时代的两个概念：因为义，用一种意见去纠正另一种意见叫"和"；因为利，无原则地附和叫"同"。

晏婴和史伯所讨论的"和"与"同"的问题，是对宇宙认识的大问题；"和实生物，同则不继。"和，就能够衍生万物；同一事物叠加，以同裨同，就不能继续发展。这是对整个宇宙的认识，有"和"才有万物，才有世界，才有发展；没有"和"，什么都不存在。

晏婴举了三个例子来说明什么是"和"、什么是"同"。其中一个是煮汤。要煮一锅汤，就必须有水，有火，主料要有鱼或肉，还要有其他作料，酱、醋、盐、梅等。把这些东西放到一起，再由厨师来调剂，什么东西多放一点，什么东西少放一点，多了去掉一点，少了加一点。还要掌握火候。各种因素配合得非常协调，达到和谐，最后才能做出一锅好汤。这叫"和"，也就是史伯说的"和实生物"。

烧一锅水，不停地烧，烧干了只是不断续水，"以水济水"，这就叫"同"。最后还是水，"谁能食之"？也就是"同则不继"。

总之，"和"是与"同"相对而提出的概念，是对宇宙万物存在状态的反映或描绘。它首先是一种宇宙观，是对宇宙的根本认识。所谓"和"，是多种成分协调配合共存在一起的状态。"和"是事物存在的基础和形式，整个宇宙和宇宙中的万物，都以"和"的形式存在，存在于"和"的状态中。世界是一个"和"的世界；"和"，才有世界，才有万物。把这个"和"破坏了，没有"和"了，宇宙和万物的基础就没有了，就不存在了。这是两千多年前中国人就有的对世界的根本认识。

从此可以了解，"和为贵"不单纯是一种善良的愿望，它是以"和实生物"的宇宙观为基础的；认识到和实生物，认识到和是客观的要求，所以以和为贵。可以说，和实生物是天之道，以和为贵则是人之道；"和实生物"是根本的宇宙观，以和为贵是由此而生的根本价值观。和代表着一种秩序。以和为贵的实质，就是要建立和维持正常的和的秩序。

"君子和而不同，小人同而不和。"对"和而不同"可以从两个角度来理解。从**"和实生物，同则不继"**看，宇宙万物的存在都是"和"，不是"同"，可以说宇宙本身就是和而不同的，和而不同是宇宙的本来面目。从待人处世态度的角度讲，孔子说**"君子和而不同，小人同而不和"**，和而不同又是与同而不和相对立的对待事物的态度；君子和而不同，而同而不和是小人的态度。

由此，又有：

子曰："君子周而不比，小人比而不周。"[5]

周，遍及；比，勾结。君子能团结众人，不结党营私；小人结党营私而不能团结众人。这是和而不同与同而不和在处理人际关系中的表现。

所谓和而不同，首先前提是承认有不同，承认不同的存在是正常的、合理的；所以要相互尊重对方的不同意见和利益，不能要求取消差别、完全一致。然后在承认不同的基础上，来求不同意见和利益之间的协调、平衡和和谐。

由此可知，"和"的内涵包括三个层次："和实生物"，是对宇宙万物本质及其存在形式的根本认识。"和为贵"，是由此而来的根本价值追求。"和而不同"，从对世界的认识说，是"和实生物"的另一种表述；从人们处世的原则、态度说，则是由前两者所引申出的待人处世的根本原则。"和"是这三者的统一，而从根本上说，实际又是两个层次："和实生物"是对实然的反映，是天之道；"和为贵"的价值观与"和而不同"的处世原则是人应取的态度，是人之道。对"和实生物"的认识是"和为贵"与"和而不同"的基础和根据。

5　出自《论语·为政》，意为：孔子说："君子能团结众人而不结党营私，小人结党营私而不团结众人。"

与"和"相关，要谈到"中"。《论语》中关于"中"，有以下两处：

子曰："中庸之为德也，其至矣乎！民鲜久矣。"[6]

尧曰："咨！尔舜！天之历数在尔躬，允执其中。四海困穷，天禄永终。"舜亦以命禹。[7]

允执其中，就是要把握中道。尧这样传授给舜，舜又传授给禹。

《论语》直接讲到"中"或中庸的，只此两章，对"中"和中庸没有更多的说明。不过《论语》里很多内容体现了"中"或中庸的思想，可以帮助我们理解。朱熹《中庸章句》把孔子的思想加以概括，说：

中者，不偏不倚，无过不及之名。庸，平常也。子程子曰："不偏之谓中，不易之谓庸。"[8]

中庸就是不偏不倚、无过不及、平常不变之理。

子贡问："师与商也孰贤？"子曰："师也过，商也不及。"曰："然则师愈与？"子曰："过犹不

6 出自《论语·雍也》，意为：孔子说："中庸作为道德，该是最高的了吧！人们缺少这种道德已经很久了。"

7 出自《论语·尧曰》，意为：尧说："唉，你舜啊，天命已经落在你的身上了，老老实实地掌握好那中道吧。如果天下百姓都陷于穷困，上天赐给你的禄位也就永远终结了。"舜在让位给禹的时候也这样对禹说。

8 出自《中庸章句》，意为：中，就是不偏不倚，不超过限度和未达到的名称。庸，就是平常的意思。夫子程子说："不偏于一方称之为中，不变称之为庸。"

及。"[9]

"过犹不及"，过分和不及同样不好。从正面讲，就是要无过无不及，要适度。既不要过头，也不要不够。这就是"中"的要求。《论语》中许多地方体现了这一点。

孔子评说《诗经》：

《关雎》乐而不淫，哀而不伤。[10]

喜怒哀乐，人之常情。而情之所发，都要适度。"乐而不淫，哀而不伤"，有欢乐，但不放荡；有悲哀，但不至于伤身，就是适度。

仁者爱憎分明，嫉恶如仇，而喜怒爱恶同样要适度。

子华使于齐，冉子为其母请粟。子曰："与之釜。"请益。曰："与之庾。"冉子与之粟五秉。子曰："赤之适齐也，乘肥马，衣轻裘。吾闻之也：君子周急不济富。"[11]

公西子华出使到齐国去，冉有为他的母亲向孔子请求补助一些粮食。孔子说："给他六斗四升。"冉有请求再加一些。孔子说："给他十六

9 出自《论语·先进》，意为：子贡问："师与商二人谁好一些？"孔子说："师常有些过头，商常有些不够。"子贡说："那么是师好一些了？"孔子说："过头和不够是一样的。"

10 出自《论语·八佾》，意为：《关雎》这篇诗，有欢乐，但不放荡；有悲哀，但不至于伤生。

11 出自《论语·雍也》，意为：公西子华出使到齐国去，冉有为他的母亲请求补助一些粮食。孔子说："给他六斗四升。"冉有请求再加一些。孔子说："再给他十六斗。"冉有却给了他十六石。孔子说："公西赤这次去齐国，乘坐的车子驾着肥马，身上穿着轻暖的皮衣。我听说过，君子是只周济急需救济的穷人而不接济富人的。"

斗。"冉有却给了他十六石。孔子说："公西赤这次去齐国，乘坐的车子驾着肥马，身上穿着轻暖的皮衣。我听说过，君子是只周济急需救济的穷人而不接济富人的。"冉有的做法过头了，受到孔子的批评。

孔子还说：

人而不仁，疾之已甚，乱也。[12]

爱之欲其生，恶之欲其死。既欲其生，又欲其死，是惑也。[13]

对不仁的人，恨得过分，会导致乱。对一个人，爱他，就要让他生；厌恶他，就巴不得他死。既想要他生，又想要他死，这就是惑。辨惑，就要懂得无过无不及；爱也好，恨也好，不能走极端。走极端就违背了中庸之道，就是惑，就会乱。

孔子又主张"以直报怨"。以直报怨就是依道义原则报怨，也是适度之意。正如孟子说的，**"仲尼不为已甚者"**。孔子从不做过头的事。

对于物质财富，《论语》说**"不患寡（贫）而患不均"**。均，不是平均，而是要各阶层人都能得到其应得的份额，富者不过富，贫者不过

12　出自《论语·泰伯》，意为：一个人如果不仁爱，（别人）厌恶他太过分，也会作乱。

13　出自《论语·颜渊》，意为：对一个人，爱他的时候就希望他活，厌恶他的时候就巴不得他死；既要他活，又要他死，这就是迷惑。

贫。**"使富者足以示贵而不至于骄，贫者足以养生而不至于忧。"** 也就是无过无不及，适度之意。

无过无不及是全面的，既要求无过，又要求无不及。可是孔子说**"过犹不及"**；孟子说**"仲尼不为已甚者"**，着重在"无过"的方面。这一点也值得注意。其所以如此，盖因子贡"过比不及好"的思想，代表了一般人的思维习惯，比较容易为人们所接受。事实上，长期以来，左比右好，宁左勿右的思想影响深远，危害巨大。时至今日，2500 多年之后，还可以看到和感受到其影响。所以孔子特别提出**"过犹不及"**，实在有深远的意义。

《中庸》有言：

喜怒哀乐之未发，谓之中；发而皆中节，谓之和。中也者，天下之大本也；和也者，天下之达道也。致中和，天地位焉，万物育焉。

喜怒哀乐本于人性，"未发"时的本然状态，没有过与不及，无所偏倚，是"中"。发而表现于外而能无过无不及，不偏不倚，处于适度的状态，叫作和。"中"是万物的本然状态，所以是天下之大本。"和"是人事追求的目标，所以是天下之大道。

从"和实生物"的观点讲，"和"是宇宙万物的本然状态和人事的根本目标。"中"而后能"和"，"中"则是达到"和"的前提和基础。也可以说，"和"是大本，而"中"是达道。

"中"与"和"密切相关。

"和"是多种不同因素、不同成分共处结成统一事物的状态，用现代的语言来说，就是一种多元统一的状态。多元的统一，多种成分，各个局部共生在一起，表现为一种秩序。在统一的整体中，各个成分、各个局部各有其自己的地位和功能。处于不同地位的各个成分、各个局部构成一定的关系，相成、相济；这种关系的总和形成一种稳定的、和谐的秩序，这就是"和"。总体的"和"，通过各个成分、各个局部特定的地位、功能及其相互关系而确立和维持。对于这种状态，有一个简明的表述，就是"各得其所"。"和"的状态就是万物各得其所的状态。所谓"得其所"，是说在其应在之所。在其所，才能得到正常的存在、发展，才能与共处的其他局部协调配合，对整体的和发挥其作用。任何局部不得其所，不能顺利发展和发挥其功能，整体的"和"

也就得不到保证。从整体说，各得其所是全局稳定和谐的前提和基础；从局部说，得其所是其正常存在和发展的前提。没有各局部的正常存在和发展，就没有整体的"和"。"和"的实质，就是各得其所。《子罕》篇有言：

子曰："吾自卫反鲁，然后乐正，雅颂各得其所。"[14]

孔子说"政者正也"，这里以各得其所释"正"。"正名"，"君君臣臣，父父子子"也就是要使君臣父子各得其所。程子说：

万物庶事莫不各有其所，得其所则安，失其所则悖。圣人所以能使天下顺治，非能为物作则也，唯止于各于其所而已。[15]

各得其所的前提和基础就是"中"。只有各个部分、各种因素都无过无不及，达到"中"的要求，才有整体的"和"。程子说：

使万物无一失所者，斯天理，中而已。[16]

所以，"中"与"和"互相联系，密不可分。中庸之中，兼中和而言，包含中、和两个意思。

14　出自《论语·子罕》，意为：孔子说："我从卫国回到鲁国，乐才得到整理，雅乐和颂乐各自有了它们应有的位置。"

15　出自《周易程氏传》，意为：各种事物没有哪个不各有它们适宜的位置，得到它们适宜的位置就安定，失掉它们适宜的位置就相冲突。圣人能使天下顺从而太平的原因，不是能为事物做准则，只是让它们各自在其适宜的位置上而已。"

16　出自《周易程氏传》，意为：让万物没有一个失掉自己适宜的位置，这就是客观存在的道德法则，不偏不倚而已。

《中庸》说：

致中和，天地位焉，万物育焉。[17]

提出了"中和"的概念。"中和"不仅指出了和谐的目标，也指出了应如何去求得和谐的基本方向和途径，既反映了万物的根本，也指出了万事的正路。比之中庸，更准确、全面和明白，更能体现中华文化核心价值的概念。

再说不偏不倚。人们常会理解成在两端之间选择中点，与两端保持等距离；或在不同意见之间调和折中，对双方各打五十大板。这是一种误解。

为求准确地理解，可看《论语》中的相关内容。

子曰："不得中行而与之，必也狂狷乎！狂者进取，狷者有所不为也。"[18]

所谓狂，指有很高的志向；狷，指有所不为。狂者志高，积极进取，但疏于实行；狷者偏于保守，缺乏进取，但是洁身自好，有所不为，不同坏人坏事同流合污。两种态度，一激进，一保守。孔子认为二者都有可取之处，但又都有所

17　出自《中庸》，意为：达到中和的地步，使天地占据应有的位置，万物就生长了。

18　出自《论语·子路》，意为：孔子说："得不到行为合乎中庸的人与之相交往，也一定要找狂或狷的人相交往。因为狂者勇于进取，狷者则能不同流合污。"

短，并非理想；理想的是得中行而与之。中行，就是不要偏于狂或狷、激进或保守。该进则进，该退则退；既能进，也能退；兼得二者之长，而避二者之短。

子曰："吾有知乎哉？无知也。有鄙夫问于我，空空如也。我叩其两端而竭焉。"[19]

两端，指事物都有两个方面。叩，叩问，探究。竭，穷尽。叩其两端而竭，就是对问题的两个方面都探究清楚。

这两段都是说，事物有两端而非单一，认识事物和为人行事，不能偏执一端。不偏不倚，就是全面认识和把握事物两端，对两个方面都作恰如其分的评估，不偏于一端。

一个例子：《论语》中孔子对管仲的评价。

子曰："管仲之器小哉！"或曰："管仲俭乎？"曰："管氏有三归，官事不摄，焉得俭？""然则管仲知礼乎？"曰："邦君树塞门，管氏亦树塞门；邦君为两君之好有反坫，管氏亦有反坫。管氏而知礼，孰不知礼？"[20]

子路曰："桓公杀公子纠，召忽死之，管仲不

19　出自《论语·子罕》，意为：孔子说："我是有知识吗？其实是无知的。有农民来问我，我对他问的内容一无所知，我只是从问题的两端去问，这样来穷尽问题的全部。"

20　出自《论语·八佾》，意为：孔子说："管仲的器量真小呀！"有人说："管仲是俭朴吧？"孔子说："管仲有三处家，各项职事都有专人，从不兼差，怎能算是节俭呢？"那人又问："那么管仲懂礼法吗？"孔子说："国君的门口有小墙遮蔽，管仲也有；国君为了招待别国国主，有放酒杯的土台，管仲也有。如果说管仲知礼，那么谁才不知礼呢？"

死。"曰："未仁乎？"子曰："桓公九合诸侯，不以兵车，管仲之力也。如其仁，如其仁。"[21]

子贡曰："管仲非仁者与？桓公杀公子纠，不能死，又相之。"子曰："管仲相桓公，霸诸侯，一匡天下，民到于今受其赐。微管仲，吾其被发左衽矣。岂若匹夫匹妇之为谅也，自经于沟渎而莫之知也。"[22]

一方面，管仲辅助桓公以和平方式成就霸业，维护了华夏礼乐文化，捍卫了仁的文化理想、社会理想；另一方面，管仲有不知礼和违礼之处。这是管仲的两面。管仲维护华夏文化之功不能掩其不知礼之过，管仲不知礼之过亦不能损其维护华夏文化之功。孔子不因肯定管仲之功而讳言其过，亦不因见其过而抹煞其功。这两面又不是半斤八两、一半一半，而是有轻重、有主次。孔子不轻易许人以仁。一部《论语》，孔子明确许以为仁的，只有"殷有三仁"的微子、箕子、比干，孔子弟子中只有颜渊"三月不违仁"。他评价管仲"如其仁，如其仁"，和他批评管仲器小、不知礼，其中轻重主次极其分明。这亦是不偏不倚中道之体现。

21 出自《论语·宪问》，意为：子路说："齐桓公杀了公子纠，召忽自杀了，管仲却不自杀。管仲还没有做到仁吧？"孔子说："桓公多次主持诸侯的盟会，不依靠武力，都是管仲的功劳呀。这就是他的仁，这就是他的仁。"

22 出自《论语·宪问》，意为：子贡说："管仲不是仁人吧？桓公杀了公子纠，他不能为公子纠殉死，还去辅佐桓公。"孔子说："管仲辅佐桓公，称霸诸侯，匡正了天下，百姓直到今天还受他的好处。如果没有管仲，我们恐怕也要披散头发，衣襟向左开了。哪里能像普通男女那样讲小节小信，自杀死在山沟里，而谁也不知道呀。"

中庸之道不偏不倚的要求，有着普遍的重要意义。宇宙一切事物，无不有其两端，叩其两端而竭之，是认识的基本途径；而只见一端，片面偏激，左右摇摆，却是常见的通病，屡治不愈的痼疾。当今迎接中华民族伟大复兴之际，兴中庸之道，抑偏执之风，实有重要意义。

2018 年 10 月 31 日

补注：

5. 出自《论语·为政》，意为：孔子说："君子能常行忠信而不结党营私，小人结党营私而不行忠信。"

7. 出自《论语·尧曰》，意为：尧说："唉，你舜啊，天命已经落在你的身上了，老老实实地掌握好那中道吧。（你心里要常想着）天下人的艰难贫困，（那么）上天赐予你的权位就会永久。"舜在让位给禹的时候也这样嘱告禹。

10. 出自《论语·八佾》，意为：《关雎》这篇诗，使人快乐而男女之爱写得不过分，（君子）令人怜悯而情节写得不悲伤。

19. 出自《论语·子罕》，意为：孔子说："我是有知识吗？其实是无知的。有鄙贱之人来问我，态度很诚恳，我只是从问题的两端去叩问，这样来穷尽问题的全部。"

知命

一、知命——孔子思想的一个方面

子罕言利，与命与仁。[1]

对于这段话有不同的注释。一解以为利、命、仁三者均为孔子所罕言。何晏《论语集解》《论语义疏》《论语注疏》《论语集注》均取此义。另一解以为本章应读为"子罕言利，与命与仁"。与，赞许义。夫子罕言利而赞许命和仁。钱穆《论语新解》试译本章为"先生平日少言利，只赞同命与仁"。

孔子曰："不知命，无以为君子也。不知礼，无以立也。"[2]

孔子曰："君子有三畏：畏天命，畏大人，畏圣人之言。小人不知天命而不畏也，狎大人，侮圣人之言。"[3]

子曰："吾十有五而志于学，三十而立；……五十而知天命。"[4]

将上引几章联系起来看，可见重视天命是孔子思想中与仁并列的一个重要方面；知天命是成

1 见第二讲，注释11。

2 出自《论语·尧曰》，意为：孔子说："不知命，便不能做君子；不知礼，便不能立身处世。"

3 出自《论语·季氏》，意为：孔子说："君子敬畏三件事：敬畏天命，敬畏地位高贵的人，敬畏圣人的话。小人不懂天命，因而也不敬畏，不尊重地位高贵的人，轻侮圣人的话。"

4 出自《论语·为政》，意为：孔子说："我十五岁时就有志于学习，三十岁就有所成就，……五十岁能知天命。"

为君子的一个条件，是区别君子和小人的标志，是孔子一生中的一个重要阶段。

二、《论语》中关于天命的记述

对孔子思想中的命之所指，要从《论语》本身找答案。从《论语》看孔子在什么情况下说命，如何说命，以探求孔子"知命"的含义，是认识的基本途径。

公伯寮愬（liáo shuò）**子路于季孙。子服景伯以告，曰："夫子固有惑志于公伯寮，吾力犹能肆诸市朝。"**[5]

公伯寮在季孙（鲁国的当权者）面前说子路的坏话。子服景伯告诉孔子，表示可以帮助孔子除掉公伯寮。孔子说：

道之将行也与，命也；道之将废也与，命也。公伯寮其如命何？[6]

道能不能得到推行，取决于命。能推行，是命；不能推行，也是命。公伯寮他能改变命吗？他能把命怎么样呢？

5 出自《论语·宪问》，意为：公伯寮向季孙诽谤子路。子服景伯告诉了孔子，说："季孙氏一定被公伯寮迷惑了，但我的力量还能够把公伯寮杀了，把他陈尸于市。"

6 出自《论语·宪问》，意为：道将要得到推行吗？是天命决定的；或者道将要废弃吗？也是天命决定的。公伯寮能把天命怎么样呢？

子曰："天生德于予，桓魋其如予何？"[7]

《史记·孔子世家》记，桓魋曾经想杀孔子，孔子讲了这段话。我的德是天赋予我的，桓魋他能拿我怎么样？意思是说，天赋之德，人力所不能改变，桓魋无力违天，对孔子也就无可奈何。

子畏于匡，曰："文王既没，文不在兹乎？天之将丧斯文也，后死者不得与于斯文也；天之未丧斯文也，匡人其如予何？"[8]

孔子被匡人围困。他说，文王不在了，他的文化不是还在吗？如果天要废弃这种文化，那我这样的后人也不可能知道这种文化了；如果天没有想要废弃这种文化，那匡人又能把我怎么样呢？文化是兴还是废，取决于命。无论孔子或匡人，都不能左右。

子曰："莫我知也夫！"子贡曰："何为其莫知子也？"子曰："不怨天，不尤人。下学而上达，知我者其天乎！"[9]

这几章有一个共同点，都是人家要害孔子，

7　出自《论语·述而》，意为：孔子说："上天把德赋予了我，桓魋能把我怎么样？"

8　出自《论语·子罕》，意为：孔子被匡地人围困，他说："周文王死后，周代的礼乐制度、文化遗产不都保存在我这里吗？天如果要消灭这种文化，那我也不能掌握这种文化了；天如果不想消灭这种文化，那匡人又能把我怎么样呢？"

9　出自《论语·宪问》，意为：孔子说："没有人了解我啊！"子贡说："为什么没有人了解你呢？"孔子说："不怨恨天，不责怪人。从下面学习而通达到上面。了解我的只有天吧！"

诽谤他，不了解他，他遇到困境、危难，道的推行遇到阻碍，在这些情况之下，他谈到命、天，把这些人力不能控制和支配的情况归之于天、命。

伯牛有疾，子问之，自牖执其手，曰："亡之，命矣夫！斯人也而有斯疾也！斯人也而有斯疾也！" [10]

颜渊死，子曰："噫！天丧予！天丧予！" [11]

伯牛是他很喜欢的一个弟子，病情危重，快要死了，颜渊短命早殇。他不愿意看到这些，可又没有办法。他把这归之于天、命。现实生活中，人们遇到类似的情况，往往也会这样说。这反映了一种在无法支配的事情面前无可奈何的情绪。

从《论语》这些记述，可以得出几点认识：

其一，孔子遇到危难、打击，意识到他的道不为人所理解和接受，难以推行，但他无力改变，他归之于命；他的弟子病危将死，他无能为力，他也把它归之于命。在所有这些地方，他说的命，是指人力所不及、人力不能支配的领域。

其二，命是外在的、必然的，不可抗拒，也不可知的领域，所以他对天命抱敬畏的态度。

10　出自《论语·雍也》，意为：伯牛病了，孔子去探望他，从窗户外握着他的手说："丧失了这人，这是命呀！这样的人竟生这样的病！这样的人竟生这样的病！"

11　出自《论语·先进》，意为：颜渊死了，孔子说："唉！是天要我的命呀！是天要我的命呀！"

面对伯牛、颜渊不可抗拒的病亡，他说："亡之，命矣夫！斯人也而有斯疾也！斯人也而有斯疾也！""噫！天丧予！天丧予！"表现出无可奈何的情绪。

对天命的敬畏，也表现在处世时冷静面对的现实态度。

子绝四：毋意，毋必，毋固，毋我。[12]

他"毋必"，不强求非做到不可。在慨叹**"知我者其天乎"**的同时说**"不怨天，不尤人。下学而上达"**，立足于自己的努力。这样的态度，其基础就是知命。

其三，他自信自己努力学习，可以上达于天，自己所行之道符合天命。在知命的基础上，尽管不被人理解接受，受到打击，遭遇危难，他不气馁、不灰心，坚持他行道的努力，表现出高度的自信。从这个意义上看，天命是他的信仰，是他的精神支柱。

清醒地认识到有人力所不能支配的领域，从而建立起现实的态度，冷静面对，不盲目妄求；同时又在对命的信仰上建立起坚强的信念，面对挫折、危难而不气馁、不灰心、不动摇，这就是

12 出自《论语·子罕》，意为：孔子杜绝了四种毛病：没有主观的臆测，没有定要怎样的期望，没有固执己见，没有自私之心。

知命的内容和意义。

三、孔子"知命"与"天人合一"

1. 天人合———天命与人生的合一

西方人喜欢把"天"与"人"分别来讲。……中国人是把"天"与"人"和合起来看。中国人认为天命就表露在人生上，离开人生，也就无从来讲天命。离开天命，也就无从来讲人生。……所以中国古人，认为一切人文演进都顺从天道来。违背了天命，即无人生可言。"天命""人生"和合为一。（钱穆：《中国文化对人类未来可有的贡献》，《钱穆先生全集·世界局势与中国文化》，九州出版社，2011年。）

殷商至春秋，中国人关于天人关系的思想经历了根本的变化，从天帝主宰，敬鬼尊神到以人为本，天人合一。夏商周三代更迭使人们认识到天命靡常，由此探究到天人之际，天命与人事的关系。"究天人之际，通古今之变。"由此引起中国文化由天到人的转变，孔子儒学体系的建立，是这一转变的根本标志。

2. 孔子

孔子的人生即天命，天命也即人生。

孔子与命与仁，仁和命是他思想的两个方面。孔子提出了一个包括为人之道和为政之道的系统完整的思想体系。他的目标，是求人之正，包括整个人类社会的和谐发展和每个人的健康成长。实现这一目标的途径是依靠每一个人的自觉努力；特别指出君子人格养成之路，在于为己，由己，求诸己。在这个领域中，一切为了人，一切依靠人，完全不谈天和鬼神；是独立于天的、自主的、自由的人文的思想体系。

同时，孔子又重视"知命"。**"不知命，无以为君子也。不知礼，无以立也。""君子有三畏：畏天命，畏大人，畏圣人之言。小人不知天命而不畏也，狎大人，侮圣人之言。""吾十有五而志于学，三十而立；⋯⋯五十而知天命。"** 可见重视天命是孔子思想中与仁并列的一个重要方面；知天命是成为君子的一个条件，是区别君子和小人的标志，是孔子一生中的一个重要阶段。

孔子与命与仁。他毕生弘道行仁，在这个领域里完全立足于人，不涉天命鬼神。而在遇到危难、打击，意识到他的道难以推行的时候，他把道之行与不行归之于命，同时，他自信自己所行之道符合天命。在知命的基础上建立起高度的自信。在他来说，弘道行仁的人生亦即对天命的遵行，体现了人生和天命的合一。但他也留下一个问题没有解决。为什么人生和天命（人道和天道）是一致的？人能不能认识和怎样才能认识天命？实际上，在他的思想里，仁与命是两个独立的、互相影响的领域，还没有在思想理论上达到完美的统一。

3. 孟子性善论和天人合一

这个问题在孟子那里得到解决。

《中庸》有言：

天命之谓性，率性之谓道，修道之谓教。[13]

三句话，把天、性、道、教四者联系到一起，成为一个统一的体系。实际上也就是把天和人联系起来，提出了天人合一的思想。只是这一思想在《中庸》中没有得到充分的阐述。这个工作后来由孟子的性善论而得到完成。孟子说：

无恻隐之心，非人也；无羞恶之心，非人也；无辞让之心，非人也；无是非之心，非人也。恻

13 出自《中庸》，意为：天赋予人的品德叫作"性"，遵循事物本性就叫作"道"，使人修养遵循道就叫作"教"。

隐之心，仁之端也；羞恶之心，义之端也；辞让之心，礼之端也；是非之心，智之端也。人之有是四端也，犹其有四体也。[14]

人有天赋的恻隐之心、羞恶之心、恭敬（辞让）之心、是非之心，这"四心"是仁义礼智的根源。仁义礼智根于心。由此，他进一步说：

尽其心者，知其性也。知其性，则知天矣。存其心，养其性，所以事天也。夭寿不二，修身以俟之，所以立命也。[15]

性根于心，所以尽心可以知性。而性是天赋，是天道天命在人之体现；所以"知其性，则知天"，知性即可以知天。人要知天知命，不假外求，只反求诸己，修养自己的心性即可。通过尽心、知性，上达于天，为的是"事天"，即顺应天道，安顿自己的人生，也就是安身立命。

性是人之所有，属人；而又是天所赋，亦属天；性兼天人而沟通天人。天在人之外、之上，又落实、体现在人性中；天既在外，又在内。道本于天，而性是道的基础，循性而行就是道，所以道本于天而存乎人。从内讲，是人道；从外

14　见第二讲，注释15。

15　见第二讲，注释13。

讲，是天道。人道和天道合一。如此，天和人，必然和自然，不再是分离的两个领域，而是相沟通而合一，也就是达到了天人合一。

天人合一，中心的环节是性。天赋予人以性，人通过尽心知性而知天，天和人通过性而沟通。天人合一的核心内容是性道合一。循性而行为道，此道是人道，同时亦是天道，天道和人道合一。孟子性善论基础上形成的这一天人合一思想，乃是"中国文化的中心思想和主要特质之所在"。

孟子这一思想，对天人关系问题作出了完满的回答，有着深远的影响和无法估量的意义。孔子儒学体系的建立，是从天帝主宰、敬鬼尊神到以人为本、天人合一这一转变的根本标志；而孟子性善论的提出，可以说是这一转变最终完成的标志。

如此，我们看到，从殷商之际到春秋战国，从西周初年对"天命靡常"的思考，到春秋末年孔子创儒学，再到战国时期孟子道性善，中华文化经历了三个阶段的转变，从一切听命于鬼神，转向开始对人文的思考；到摆脱天命的羁绊，建立起独立的人文思想体系，与外在的必然领域

（命）并存；再到沟通天人，建立起天人合一的
思维模式。经过数百年间这样的发展，中国人用
自己的方式解答了天人关系这个人类面临的大问
题。从此中华文化告别了宗教传统，走上了自己
独特的发展道路。而这个时候的天人合一思想，
讲的主要是天命和人生的关系。自然和人的关系
等，还没有包含在内。

现在讲天人合一的，多是从自然和人的关系
上讲。这可以从两方面理解。一方面，天人合一
思想本身是发展的，内容不断丰富。在发展中，
自然和人的关系也成为天人合一思想的一个重要
方面。另一方面，自然和人的关系问题，在当代
有着特殊重要的意义。所以人们的注意集中到了
这个方面，是不奇怪的。这已经不是我们今天讨
论的问题，不再说了。

2013 年 6 月 29 日

2016 年 11 月 9 日

2018 年 10 月 31 日

补注：

10. 出自《论语·雍也》，意为：伯牛病了，孔子去探望他，从窗户外握着他的手说："没有这个道理，这是命呀！这样的人竟生这样的病！这样的人竟生这样的病！"

12. 出自《论语·子罕》，意为：孔子杜绝了四种毛病：不主观臆测，不轻易肯定，不固执己见，不存自我之心。

崇德、乐群

贯通古今的核心价值

一、修己安人——对君子的两点要求

中国传统文化的中心是讲做人的道理。教人做君子，不做小人。《论语》：

> 子路问君子。子曰："修己以敬。"曰："如斯而已乎？"曰："修己以安人。"曰："如斯而已乎？"曰："修己以安百姓。修己以安百姓，尧舜其犹病诸。"[1]

提出了对君子的两点要求：修己和安人安百姓。修己，就是要努力修身，提高自己的精神境界。安人安百姓，就是不能只为个人，还须为他人、为百姓谋福祉。安百姓，尧舜其犹病诸，是圣人之事。而修己以安人，则是君子之责任、仁者之所为。

二、人生的两个基本问题

修己和安人安百姓，是对人生的两个基本问题的回答。

人的生活，有物质生活和精神生活两个方

1 见第一讲，注释23。

面，由此生命也有物质生命和精神生命两个方面。物质生活，包括衣食住行、两性生活、维持生命、延续种族。其基础是人的生物本能，和禽兽没有根本区别。精神生命，包括讲理想、讲道德、追究生命的意义、价值，等等。其基础是人的社会生活，是人所独有而禽兽没有的，是人不同于禽兽，人之所以为人的根本之处。这二者，日常生活中表现为对物质和精神、功利和道义的不同追求。怎样处理二者的关系，是人生面对的基本问题。

人是社会性的，生活在社会群体中。人既是独立的个体，又是群体的一分子，不可能须臾离群而独立。怎样处理个人和群体的关系，是人生中每时每刻都要面对处理的基本问题。

修己安人就是对这两个问题的回答。修己是回答前一个问题，安人是回答后一个问题。

三、中华文化的核心价值

修己安人这两方面的要求，对物质生命和精神生命的关系和个体和群体的关系这两个问题的回答，体现着两项核心价值。

修己，致力于提高自己的精神品格，是相对于物质生活的追求而言的。

子曰："君子忧道不忧贫。"[2]

子曰："士志于道，而耻恶衣恶食者，未足与议也。"[3]

君子应该以修身为本，而不是孜孜于衣食等物质生活的追求。口头上声言有志于道，实际却处处与人比吃比穿，以吃穿不如人为耻。这样的人不配谈论做人的道理。

君子义以为上。[4]

君子喻于义，小人喻于利。[5]

在精神生命和物质生命之间，道义和功利之间，要把精神生命、道义的要求放在第一位。二者之间何者为先，是区分君子、小人的两种不同的价值观。只知追求物质生活享受，不知追求为人之道，修身以提升自己精神品格，这样的人，在中国传统看来，近于禽兽。

安人，不能只求自己好，还要使大家都好。要把自己放在群体中，当作群体的一分子，自觉担当个体对群体应负的责任，把个人价值的实现

2 见第一讲，注释24。

3 见第一讲，注释25。

4 见第三讲，注释8。

5 见第三讲，注释9。

和群体的发展相统一，做到群己统一。

仁以为己任，不亦重乎？死而后已，不亦远乎？ [6]

人生是担有责任的、任重而道远的历程。

子贡曰："如有博施于民而能济众，何如？可谓仁乎？"子曰："何事于仁？必也圣乎！尧舜其犹病诸！夫仁者，己欲立而立人，己欲达而达人。能近取譬，可谓仁之方也已。" [7]

博施于民而能济众，就是安百姓，这是圣人之事。而"己欲立而立人，己欲达而达人"，也就是修己以安人，尽心尽力助人，则是君子之责任，仁者之所为。

鸟兽不可与同群，吾非斯人之徒与而谁与？天下有道，丘不与易也。 [8]

孔子周游列国，志在救世，却不受任用，也不为隐者理解。当时有隐者说，天下无道，乱象像滔滔洪水，谁能改变得了？劝孔子的弟子与其跟着这样的老师，不如随他们归隐山林。孔子很感叹地说了这段话。意思就是说，人是生活在群

6 见第二讲，注释7。

7 出自《论语·雍也》，意为：子贡说："如果有人能对百姓广施恩惠，周济大众，怎么样呢？能说是做到仁了吗？"孔子说："这哪里只是仁呢？一定是圣人了。就连尧舜还怕难于做到呢。至于仁就是自己想在社会上立足，就也帮助别人立足；自己想要通达，就也帮助别人通达。能近以自己的心作比而推及别人，可以说就是为仁的方法了。"

8 见第一讲，注释29。

体中间的，哪怕天下无道，也不能脱离群体而和鸟兽一起生活；正因为天下无道，才需要我这样出来奔走。隐者讥笑孔子是"知其不可而为之者"。在孔子，正是他自觉担当精神的表现。隐者和孔子面对天下无道的乱世所抱的不同态度，反映了在群己关系上不同的价值观。

把个人自觉当作群体的一分子，还表现在，把个人的发展、个人价值的实现，自觉地与群体的发展相统一，在群体的发展中，求个人的发展和个人价值的实现。

君子疾没世而名不称焉。[9]

传统文化重群体，但并非不讲个人价值。疾没世而名不称，追求青史留名，反映了对个人价值的重视。

齐景公有马千驷，死之日，民无德而称焉；伯夷叔齐饿于首阳之下，民到于今称之。[10]

孔子对齐景公和伯夷、叔齐的评价，不看他们生前拥有的财富和权势，只看他们死后百姓对他们的评价，体现了中国人对个人价值的一种理解。百姓心中有杆秤，每个人的价值都要在后人

9　见第一讲，注释30。

10　见第一讲，注释31。

对他的评价中体现出来，要在百姓心中的这杆秤上称出来。

一个人的价值不是看他从社会得到了些什么，而是看他给社会做了些什么。生前所得名利地位权势财富，这一切人死后全都烟消云散。人生不朽在于"立德、立功、立言，虽久不废"。对群体所做的一切，百姓会给出相应的评价。为群体作贡献，造福于当代，延及后世，为后人所纪念、学习。这样，个人短暂的小生命就融入群体长久的大生命；个人的德、功、言留在人们的生活里，留在人们的心中，永留人间，垂名青史。物质生命终结了，精神生命却长久留存，永垂不朽。这是中国传统的对人生价值的看法。

所以，中国传统文化讲个体和群体的关系，不是脱离群体孤立地讲个人发展和个人价值，也不是只讲群体否定个人价值，而是在为群体作贡献，求群体的发展中实现个人的发展和个人的价值。有人把传统文化关于群己关系的思想叫作"群体主义"，这样说并不准确。准确地说，应该是"群己统一"。

总之，义以为上和群己统一，是修己和安人安百姓这两点要求中体现的价值要求。用现在的话语来说，也可以叫作崇德、乐群。

这两点又是人和禽兽相区别，人之所以为人的所在。《荀子》：

> 力不若牛，走不若马，而牛马为用，何也？曰：人能群，彼不能群也。人何以能群？曰：分。分何以能行？曰：义。[11]

所以，义和群，义以为上和群己统一，是为人之道的核心内容、核心价值。

四、贯穿古今的民族之魂

义以为上，群己统一，崇德乐群，是为人之道的核心内容，天下的通义，不变的常道。也是中华文化的基因，构成我们民族精神的核心和基础，民族的魂。今天，它是社会主义理想信念、社会主义核心价值观的根本的基础。

义以为上、群己统一，二者是统一的。为群是义的基本要求；逐利一定为私，行义一定为群。二者的集中表现就是以天下为己任，鞠躬尽瘁，死而后已。这一精神，构成我们民族精神的核心内容。人们熟知的历代志士仁人的名言

11 见第三讲，注释15。

"先天下之忧而忧，后天下之乐而乐""天下兴亡，匹夫有责""人生自古谁无死，留取丹心照汗青""苟利国家生死以，岂因祸福避趋之"等，都反映了这一精神。这一精神集中代表了中国人的精神气质，成为我们爱国传统最深厚的思想基础。它支撑我们民族历经磨难而屹立不倒，是古老文明延续五千年而没有中断的根本精神因素。

近代以来形成的革命传统，是这一精神在当代中国革命建设中的体现和升华。从井冈山精神、长征精神到抗震精神、航天精神，它们都有其鲜明的时代特点和内容；而它们的思想基础、核心精神又是一贯的，都是中华文化崇德乐群精神的具体体现和发展。古代的崇德乐群，以天下为己任的精神，古代的传统文化，和近代的革命传统，与现代井冈山精神、长征精神……以至抗震精神、航天精神，不是不同的两种传统、两种文化，而是一脉相传，贯穿古今，是中华文化发展的两个不同阶段的表现。

社会主义核心价值观的建设，也离不开崇德乐群，以天下为己任的精神。一心追求个人利益，不可能有爱国主义，更谈不上社会主义的理想信念。社会主义的理想信念是以天下为己任的精神在当代共产党人身上的具体体现，而传统的核心价值观也在这中间获得新的时代内容和表现形式。

没有崇德乐群的精神，人们只图一己私利，不讲道德，不顾他人，也不可能有敬业、诚信、友善等品质。而没有这些，又何来社会的和谐，国家之富强和文明？

所以，义以为上，群己统一，崇德乐群，是中华文化的核心价值，贯通古今的中华民族的民族魂。

2017年7月2日

2017年7月3日

补注：

7. 出自《论语·雍也》，意为：子贡说："（君主）假如有了广施恩惠于人而能救助民众（的行为），怎么样呢？能说是做到仁了吗？"孔子说："这哪里只是仁呢？一定是圣人了。就连尧舜还怕难于做到呢。仁这种事，自己想要有成就便想着让别人有成就，自己想要显达便想着让别人显达。能够近取自己做比方，可以称为仁一类的了。"

中华文化的核心价值

传承和弘扬中华文化，一个重要的问题是要从中华文化的总体上，把握作为其基因的那些核心内容，或者说中华文化的核心价值。中华文化博大精深，对于其核心价值、核心精神，可以从不同的角度加以概括，先贤也已经有许多论述。这里，仅就自己所见，说一点意见，同大家讨论。

中华文化的核心是讲做人，而为人之道的核心要求，可以归结为五点：义、群、和、礼、耻；用现代话语来说，就是崇德、乐群、贵和、守礼、有耻。可以说，这五点就是中华文化的核心价值。

一、义

义，是回答物质生命和精神生命的关系。人的生活，有两个方面：物质生活和精神生活，由此生命也有物质生命和精神生命两方面。物质生命的基础是人的生物本能，和禽兽没有根本区别。精神生命的基础是人的社会生活，是人所独有而禽兽没有的，是人不同于禽兽，人之所以为人的根本之处。所以，只知有物质生活而不知有精神生活，就只是停留在禽兽的境界。人要摆脱禽兽的境界，成为堂堂正正的人，就要"义以为上"，以精神生活的追求为生命意义之所在，把对精神生活的追求放在对物质生活的追求之上，以精神生命的追求引导、节制物质生活的欲求。这是成为真正的人的根本要求，是为人之道的第一要义。

中国人常讲要学做人；要先做人，后做事；要追求做好人，不是只追求做富人贵人；就是要使自己摆脱禽兽境界，把自己从生物意义上的人，提升为社会意义上的人、真正意义上的人。《论语》说"志于道""朝闻道，夕死可矣""士志于道，而耻恶衣恶食者，未足与议也"等，都体现了这一点。

践行这一点，有见义勇为、见利思义、舍生取义这样由浅入深的不同层次的具体要求。

1. 见义勇为。

《论语》有言："见义不为，无勇也。"[1]从正面讲就是见义勇为。这是践行义以为上原则的起点，是第一步。

人们常把见义勇为理解为舍己救人的英雄行为。舍己救人确实是见义勇为，是见义勇为的最高表现，但不能把见义勇为仅限于舍己救人的行为。《论语》原文只说"见义不为，无勇也"。见

1 出自《论语·为政》，意为：见到应该做的事而不去做，就是没有勇气。

义不为是常见的现象，又是个人修身和道德建设中严重的问题。道德的意义在于行。见义不为，知而不行，道德流于空谈，是社会的大弊。《论语》原文，就是针对见义不为之弊，并没有提出舍己救人的要求。

见义不为和见义勇为，反映了不同的价值观。一事当前做与不做，有两种选择：应该不应该或有利不利，前者是以道义为取舍标准，后者是以功利为取舍标准。见义勇为就是日常生活中，把应该不应该、道义的要求作为言行取舍的标准，放在有利不利、功利的衡量前面，应该做的就做。这也就是在日常生活的一切言行中，把精神生活的要求放在功利考虑的前面，是践行义以为上原则的起点。

把见义勇为仅仅理解为舍己救人，看起来是提高了见义勇为的意义，实际上却恰恰缩小了见义勇为的意义。人们敬佩舍己救人的英雄，很多人会觉得高不可攀，与自己的实际生活无关。而应该做的就做，则是每一个人都应该做，而且是可以做到的。

2. 见利思义。

"富与贵，人之所欲也，不以其道得之，不

140

处也；贫与贱，人之所恶也，不以其道得之，不去也。"（《论语》）以精神生命、道义的追求，指导和节制对物质生命、富贵的追求。这是较高的、第二个层次的要求。中国人常说**"君子爱财，取之有道""不取不义之财"**等，是这一要求在实际生活中的体现，说明它已经成为中国人生活的准则。

3. 最高的要求是"杀身成仁"。

在生死问题上，也以义为取舍标准。《论语》说，对于道，要**"笃信好学，守死善道"**；**"志士仁人，无求生以害人，有杀身以成仁"**。在任何情况下都要把完善和维护道放在第一位，以至可以为之付出生命。这是以精神生命的价值重于物质生命，义以为上的最高境界和要求。

二、群

群（公），是回答群己关系，即个人和群体的关系。人是社会性的，生活在社会群体中。人既是独立的个体，又是群体的一分子。讲"群"，就是把个人作为群体的一分子；个人发展和社会、民族、国家发展统一；在群体的发展中求个人的发展，同时也尽个人对群体的一份责任。可称之为"群己统一"。

孔子为改变天下无道的乱局而奔走呼号，当时的隐者讥笑他是知其不可而为之，劝他的弟子跟随他们退隐山林。孔子说："鸟兽不可与同群，吾非斯人之徒与而谁与？天下有道，丘不与易也。"《论语》又说："士不可以不弘毅，任重而道远。仁以为己任，不亦重乎？死而后已，不亦远乎？""不仕无义。君子之仕也，行其义也。"这是讲人生的责任。人生在世，生活在群体中，便担负着对群体的责任。具体说就是弘扬仁道，建设理想社会；此事任重而道远，必终身行之，死而后已。

"齐景公有马千驷，死之日，民无德而称焉。伯夷叔齐饿于首阳山下，民到于今称之。"这是讲人生的价值。人生价值，由个人身后百姓的评价来衡量。能对群体发展有贡献，得百姓承认，为后世所称道、纪念，造福于后世，这就把个人的生命融入了群体发展的大生命，使个人的生命得以在历史中永存。群己统一，这是个人人生价值之所在。"人生自古谁无死，留取丹心照汗青"，追求在历史中永垂不朽，是中国人这种人生价值观的反映。

落实和体现在日常行为中，就是要求待人忠恕，"己所不欲，勿施于人"，"己欲立而立人，己欲达而达人"；"修己以安人，修己以安百姓"；"以天下为己任"。忠恕之道是处理群己关系的基本原则；修己安人，是对君子的要求；以天下为己任，"修己以安百性"，"博施于民而能济众"，"先天下之忧而忧，后天下之乐而乐"，是理想的圣贤目标。

以上主要是就个人修养来说。就社会言，《论语》说"如有王者，必世而后仁"[2]；"一日克己复礼，天下归仁焉"。仁不仅是君子人格的最高要求，也是孔子的社会政治理想。孟子说："上下交征利而国危矣"[3]，"王何必曰利，亦曰仁义而已矣"[4]。也是说的社会的核心价值问题。一个社会，要以道德精神为社会的主导价值，不能以追求物质利益为主导价值。

义和群，是人和禽兽的根本区别，人之所以为人的所在。《荀子》：

力不若牛，走不若马，而牛马为用，何也？曰：人能群，彼不能群也。人何以能群？曰：

2　出自《论语·子路》，意为：如果有王者兴起，也一定要三十年才能使仁道行于天下。

3　出自《孟子·梁惠王上》，意为：上上下下互相争利，国家就危险了。

4　出自《孟子·梁惠王上》，意为：王为什么一定要说利呢？只要有仁义就好了。

分。分何以能行？曰：义。[5]

崇德乐群，二者是统一的。孜孜于利，总是为私；重义的人不会孜孜于私利，热心助人为群正是重义的表现。二者的集中表现就是以天下为己任，死而后已；平日里行己有耻，急公好义，生死关头可以杀身成仁、舍生取义。这一精神，构成我们民族精神的核心内容。人们熟知的历代志士仁人的名言**"先天下之忧而忧，后天下之乐而乐""天下兴亡，匹夫有责""人生自古谁无死，留取丹心照汗青""苟利国家生死以，岂因祸福避趋之"**，都是反映了这一精神。这一精神集中代表了中国人的精神面貌，成为我们爱国传统最深厚的思想基础；它支撑我们民族历经磨难而屹立不倒，是古老文明延续五千年而没有中断的根本精神因素。

中华文化是发展的，其崇德乐群，以天下为己任的精神，也随时代前进而发展，不断取得新的时代内容和表现形式。中国共产党的根本宗旨全心全意为人民服务，是这一精神在当代中国革命建设中的集中体现和升华。井冈山精神、长征精神……以至抗震救灾精神、航天精神，不同

5 见第三讲，注释15。

时期所表现出的每一种精神，都有其鲜明的时代特点和内容；然而它们的思想基础、核心精神又是一贯的，都是中华文化崇德乐群精神的具体体现。而传统文化及其核心价值，也在不断获得新内容的过程中得到更新和发展。

今天，在经济全球化的环境下，面对全面建设中国特色社会主义，实现中华民族伟大复兴的历史使命，它仍然是我们最重要的精神基础和软实力所在；而它本身也需要适应新时代的环境和需要，获得新的时代精神、内容和表现形式，实现创新性的发展。

当今世界，面临多方面的威胁人类生存的危机。精神危机是其中之一。坦桑尼亚前总统姆卡帕说：当代的世界是"处处争端，人人为己，颂赞自我主义，只顾经济利益而违背道德准则的世界"，"利己主义和贪欲仍在不断地加重人民之间、国家之间的不平等，长此以往便会引发世界各地的冲突"。香港中文大学校长沈祖尧说："这是一个个人主义抬头的时代。这是一个利益在前，道德在后的时代。"在精神与物质、个体与群体这两个根本问题上，现在个人第一，物质利益至上的价值观流行于世界，是引发冲突、战乱等，严重危害和平和发展，以至威胁人类生存的突出因素。正如孟子当年所说，"上下交征利则国危矣"。而中华文化所倡导的崇德乐群的价值观，"蕴含着可以解决我们社会上的弊病的良方"，无论对于中国还是世界，都具有重要意义。

三、和

义、群是从人的本性上讲，和则是从宇宙万物的本质上讲。和的内容，《论语》说："**礼之用，和为贵。**""**君子和而不同，小人同而不和。**"前句是根本的价值观，后句是待人做事的根本态度和原则；总的是在承认差别的基础上求各得其所。

以和为贵不是单纯的美好愿望，是以对宇宙的根本认识为基础而提出的根本价值观。两千多年前，中国人就提出了"和实生物"的观点，指出宇宙万物都是不同成分和因素和谐共存的统一体。从自然到人类社会，从家庭、单位、社区、社会、国家、国际，以至生态，都是如此。世界是和的世界；万物以和为基础，存在于和的状态中。以和为贵是在这一根本认识基础上提出的，就是以和为最高的价值。

和的实质是各得其所。统一事物中的各个局部成分各有其一定的位置。每一成分和因素都处于其应处的地位，发挥各自的作用，构成总体的和。以和为贵就是要在承认差别的前提下和基础上求各得其所。程子说："万物庶事莫不各有其所，得其所则安，失其所则悖。"任何一个局部的因素不能处于应处的位置，总体的和就会遭到破坏。拿烹饪来说，极简单的一件事，用盐的多少，决定着菜肴的品质；盐量的过与不及，都会破坏菜肴的美味，即总体的和。其他各个因素也都如此。所以和就是各个成分、因素都处于恰当的位置这样一种状态和秩序。这种状态和秩序可以用"各得其所"来表述。和的实质就是"各得其所"。以和为贵就是要在承认差别的前提下和基础上求各得其所。

孔子说"政者正也"，又说如果有机会当政，一定以"正名"为当务之急，做到君君臣臣，父父子子。"正"是他治国的根本理念。《子罕》篇又有"**子曰：'吾自卫反鲁，然后乐正，雅颂各得其所。'**"，以各得其所释"正"。"正名""君君臣臣，父父子子"也就是要使君臣父子各得其所。

147

程子说："万物庶事莫不各有其所，得其所则安，失其所则悖。圣人所以能使天下顺治，非能为物作则也，唯止于各于其所而已。"[6] "和为贵"就是以各得其所为最高的目标。

"君子和而不同，小人同而不和。"和而不同就是要承认差别，在承认差别的基础上求和谐，而不是取消差别求统一、和谐。

达到和谐的基本方法是中庸、中道。各得其所的基础是中。只有各个部分、各种因素都无过无不及，达到中的要求，才有整体的和。程子说："使万物无一失所者，斯天理，中而已。"

各得其所是目标，和而不同是原则，中庸、中道是途径。和与中是从不同的角度说，和是总体的状态和目标，中是各局部应处的状态和要求，二者相合，就是中和，也就是各得其所。

以和为贵、和而不同的精神，贯穿中华民族发展的全部历史，渗透在社会生活的一切方面，使我们不同族群、不同地域的不同文化，不断相互吸取、相互融合，抟成了博大精深、丰富多彩的中华文化；在广土众民的中华大地上，组成统一的国家，长期保持稳定统一的局面，绵延发展。对外，中华民族始终与世界各国、各民族人

6 见第七讲，注释15。

民友好相处，以爱好和平的民族的良好形象展现于世界。

中华文化的贵和思想，以和为贵，和而不同，在承认差别的前提下和基础上求各得其所，指示了解决当代人类面临的危机的方向。今天我们深化改革，建设中国特色社会主义，以及外交上实行和平外交政策，促进世界的和平、发展，可以说也无非是求"万物各于其所"。全面建设中国特色社会主义，要统筹经济、政治、社会、文化、生态，求其各得其所；经济、政治、社会等各方面，也要求其内部各因素、各方面，如政府和市场之间，各种经济成分之间，以及城、乡，东、中、西部，贫富之间等，各得其所。可以说，改革就是调整各方面、各部分的关系，以达到各得其所的目标；各得其所是改革的目标和实质。

市场经济运行中的契约，国家治理中的法制，根本的精神都在于求各得其所。就是民主的精神和实质，也在于各得其所；民主是达到各得其所的一种形式。各得其所的概念，是把个人放在社会群体中来处理个人和群体的关系，包含保护个人权利和尊重他人、尊重社会以及政府权力两方面的要求；对个人的要求包含了权利和义务、责任两个方面。和单纯以人权、自由、平等为基础相比，更为全面，更有利于正确理解和运用民主，维护和促进社会和谐、发展。

对国际社会来说，中华文化的贵和思想，也指出了处理冲突和危机的方向。单边主义、暴力恐怖威胁、经济制裁，以至战争等，只能加剧矛盾冲突。只有承认差别，互相尊重，平等协商，求同存异，合作共赢，各得其所，才是解决冲突，促进和平发展的正确途径。

就个人修养、待人处世来说，一个基本的原则也是和而不同。要学会与不同的人相处，摆正自己的位置和与他人的关系，学会处理不同事物和事物内部不同方面的关系，求各得其所。

四、礼

礼，是从行为举止上讲。要遵守道德、礼制的规范。守规矩，讲礼貌，恭敬辞让，言行有度。

个人的修养、社会的运行都包含情感精神和行为举止，内和外两个方面，内在的情感通过外在的行为举止而落实和体现。"不以规矩，不能成方圆。"行为举止必须有规范。在中华文化中，这种规范就是礼。以上义、群、和三项都属内在的精神、价值，也都通过礼而落实。《论语》讲仁，"**克己复礼为仁，……非礼勿视，非礼勿听，非礼勿言，非礼勿动**"；讲孝，"**生，事之以礼。死，葬之以礼，祭之以礼**"；讲和，"**不以礼节之，亦不可行也**"。讲为政，是"**道之以德，齐之以礼**"；讲教学，是"**博学于文，约之以礼**"。总之，一切都落实到礼上；"**不学礼，无以立**"。在长期的历史发展中，中国社会形成了一整套完备的礼仪规范，上至朝廷议事、祭祀、战争；下至社会婚丧嫁娶、节日礼俗，家庭生活晨昏定省，夫妇、父子、兄弟相处，人际交往中的称谓、礼节，日常行为中坐、卧、立、走等仪态规范，无所不包。可以说，古代中国人是生活在礼之中。

礼之用，和为贵。礼的功能，在维系社会和谐。人的生活是社会性的，人都生活在一定的关系中，有一定的地位、身份。君臣、父子、夫妇、兄弟、朋友这五伦，是古代社会基本的人伦关系。礼就是在这种区别、分别的基础上产生的。它反映这种区别、分别，对不同的人提出不同的要求，以求社会关系的和谐，别中求和。

礼的精神，指恭敬辞让，言行有节。"**恭敬**

之心，礼也"，"辞让之心，礼之端也"，恭敬辞让是礼的根本精神。"道之以德，齐之以礼"，"博学于文，约之以礼"，礼的作用在规范和节制人们的言行，使人言行有度。表现于言行，就是守规矩，讲礼貌，不任性。内在的义、群、和的精神追求和外在行为举止的恭敬辞让，言行有节相配合，塑造了中国人文质彬彬的形象，造就了中国礼仪之邦的美名。

守礼一项，如何做创新性的继承和发展，特别需要研究。一方面，礼的特点是随时而变，随时代变迁而不断更新。今日的中国和世界，与古代相比已经发生了翻天覆地的剧变，而礼的变革远未能跟上。另一方面，近代以来在批判和否定传统文化，特别是批判旧礼教的影响下，守礼的传统遭到极大破坏。由此造成礼的严重缺失，带来了社会失序和风气浇薄的不良现象。这里谨提出几点初步想法供讨论。

礼有形式和内容，即礼仪和礼义两个方面。古代的礼仪形式，大多已不适用于今天而淘汰；今天要继承弘扬的，主要在礼所体现的恭敬辞让、言行有度、别中求和的价值和精神方面。古代，这种精神体现在守礼上，今天在以依法治国

152

为基本国策的条件下，需要和可以把它扩大到更广的范围，体现在遵纪守法的所有方面，一句话概括就是守规矩。要把自觉遵守规矩的精神落实到各个方面，成为中国人的精神面貌，中国社会的风气。对于传统礼仪，要分情况，区别对待。或淘汰、废除；或推陈出新，赋予新的内容和形式；或拨乱反正，在恢复基础上创新发展。尤须注意的是，时代变迁，文明发展，社会生活也发生根本变化，不断提出新的要求，传统的礼的体系，已不能适应时代的要求。亟待建立适应于时代和社会要求的新的礼，以丰富、发展旧有礼的体系。继承改造传统和创新发展新的内容，二者结合，实现守礼传统的创新性的发展。

五、耻

行己有耻，有所不为。子贡问曰："何如斯可谓之士矣？"子曰："行己有耻，使于四方，不辱君命，可谓士矣。""道之以德，齐之以礼，有耻且格。"羞耻心是做人的底线，是道德自律的基础，有耻才能有所不为。人若无耻，就会无所不为。人不可以无耻。

西方人的道德建立在宗教信仰上，为免受上帝责罚而约束自身言行。有外国人认为，中国人没有宗教信仰传统，行为不受上帝约束，所以道德状况不好。这是对中国文化的无知。中国确实没有宗教传统，但中国人并非对自己没有约束。"行己有耻"就是自我约束，中国人的道德就建立在这个基础上。不是建立在对外在世界的信仰上，而是建立在内在的道德良心上，是真正的自律。

早在两千多年前的春秋时期，历史文献中就有关于道德自律、自责、自讨的典型事例的记载。《史记·吴太伯世家》记：

吴使季札聘于鲁……使齐……适晋……季札之初使，北过徐君。徐君好其剑，口弗敢言。季札心知之，为使上国，未献。还至徐，徐君已死。于是乃解其宝剑，系之徐君冢树而去。从者曰："徐君已死，尚谁予乎？"季子曰："不然。始吾心已许之，岂以死倍吾心哉！"

季札出使齐国途中见徐君。徐君喜欢季札的佩剑，季札心知，暗自心许归来时相赠。待季札归来，徐君已死。季札挂剑于徐君墓前而去。从者不解："徐君已死，尚谁予乎？"季子说："不然。始吾心已许之，岂以死倍吾心哉！"我来时心里已经决定要把剑送给徐君，岂能因为徐君死了就背叛自己的心呢？

《左传·宣公二年》记：

> 晋灵公不君，宣子骤谏。公患之，使鉏麑贼之。晨往。寝门辟矣。尚早，坐而假寐。麑退而叹，言曰："不忘恭敬，民之主也。贼民之主，不忠。弃君之命，不信。有一于此，不如死也。"触槐而死。

鉏麑受君命刺杀大臣宣子，却发现宣子是忠于职守的良臣。自言："不忘恭敬，民之主也。贼民之主，不忠。弃君之命，不信。有一于此，不如死也。"就在门前的槐树上撞死了。

《左传·僖公三十三年》记：

> 文嬴请秦三帅，晋侯释之。先轸朝，问秦囚。公曰："夫人请之，吾舍之矣。"先轸怒曰："武夫力而拘诸原，妇人暂而免诸国，堕军实而长寇仇，亡无日矣。"不顾而唾。秋，狄犯晋，先轸曰："匹夫逞志于君而无讨，敢不自讨乎？"免胄入狄师，死焉。

应夫人求情，晋国君释放了俘虏的秦国将军。大将先轸大怒说，战士在战场拼死俘虏了他们，现在听女人的话就放了，长敌人威风，灭自己的士气，国家要亡了。吐口唾沫，头也不回地走了。当年秋天，狄人来犯。先轸说："匹夫逞志于君而无讨，敢不自讨乎？"我对国君放肆无礼，国君虽没有责罚，我能不自己责罚吗？不穿盔甲冲入敌阵战死。

季札挂剑，鉏麑自杀，先轸不穿盔甲入敌阵而死，既非受人胁迫，也非谋求名利，更非畏惧神灵鬼怪的惩罚，而是完全出于内心要求。为了不背己心，求一己心安，虽他人不讨，亦不敢不自讨，表现了中国人视道德高于生命的高度道德自觉和自律的精神。

至孔子，提出：

古之学者为己，今之学者为人。
行己有耻。

把这种精神概括为为己、有耻。孟子又进一步说：

尽其心者，知其性也。知其性，则知天矣。

存其心，养其性，所以事天也。夭寿不二，修身以俟之，所以立命也。⁷

　　说明了性和道、人道和天命的关系。道的基础在性，循性而行就是道。性通天人；性是人之所有，属人；而又是天所赋，亦属天。所以道本于天而存乎人，此道是人道，同时亦是天道，天道和人道合一。行己有耻，道德自律，不只是出于道德良心的要求，同时也是事天立命，天命的要求。中国人的道德自律，是天人合一的境界。在此基础上，形成了中国人独特的道德传统。

　　知耻，是中国人道德的基础，也是当前道德建设的根本问题。现在人们深感忧虑的道德沦丧、世风浇薄的状况，重要的根源就在于知耻的缺失。弘扬知耻精神，就是重建中国人的道德自觉，也是提高中国人文化自觉的根本。知耻之风不扬，民族复兴无望。

　　以上五项，从人之所以为人之所在，宇宙万物的本质和存在形式，道德践行的落实和道德精神的基础等几个不同角度，反映了做人的根本要求，构成中国人为人之道的核心价值体系。这几点也都反映了中华文化独特的思维方式和世界

7　见第二讲，注释 13。

观。和实生物，和而不同的宇宙观；从探究天人关系和人禽之别认识人的本质、本性，形成人道与天道合一，人生与天命合一的思想体系；为己有耻，克己复礼，内外兼修，文质彬彬的修养途径，都表现出中华文化与西方思想的不同。独特的文化，产生了独特的道德思想和价值体系。而这些又都反映了为人的普遍的共同的要求，也都有着普遍的价值和意义。

> 2014 年 6 月 26 日
> 2015 年 6 月 1 日六稿
> 2015 年 10 月 9 日七稿

读《论语》学做人

五项简单而重要的要求

我们今天讲的题目是"读《论语》学做人"。《论语》是中国文化的重要经典，过去被称为"中国人的圣经"，是人人必读的书。可是从19世纪末以来，情况变了。不仅学校里不读，还受到批判，被当作为统治者服务的学说，腐朽的糟粕。近几年，"国学热"兴起，人们开始重新读《论语》。但对此还是有不同的看法。有人还是认为《论语》是维护封建统治的糟粕；有人认为它是几千年前的"老古董"，过时了。

那么，今天究竟为什么还要读《论语》？《论语》在今天还有什么意义？

我想，对于《论语》，应该有正确的认识。它讲的并不是为专制王朝统治服务的政治学说；它的思想的核心，是讲做人的道理。所以今天提倡读《论语》，主要的目的和意义也是学做人。现在大家都很关心我们社会的道德状况，道德问题就是做人的问题。读《论语》学做人，就是要提升我们的道德状况，包括个人的和社会的。

《论语》讲做人的思想，内容很丰富，今天只就我认为最重要又最简单易行的，选出五句来讲。

一、修己安人

子路问君子。子曰：“修己以敬。”曰：“如斯而已乎？”曰：“修己以安人。”曰：“如斯而已乎？”曰：“修己以安百姓。修己以安百姓，尧舜其犹病诸。”[1]

修己以敬，用一种非常严肃认真、非常虔诚的态度来修身，完善自己。安人、安百姓，不仅要修养自己，还要帮助别人，帮助所有百姓也能安好。要让所有百姓都安好，也就是我们常说的“以天下为己任”。修己以安百姓，用现在的话来说，就是修养自己，为了一个理想的社会而奋斗。

这是一个总的人生的追求，也是孔子一生的追求。

这个追求，体现了儒家关于人生的两项核心价值：义、群（公）。

中国传统文化认为，人之所以为人，人与禽兽的区别，就在有义、能群这两点上。

义，宜也，就是应该做的，指人的精神生命。我们人的生活，既包括物质层面的生活，也

1　见第一讲，注释23。

包括精神层面的生活。物质生活方面包括衣食住行、两性关系等，"食色性也"，这是人的本能的需求，本质上其实与禽兽没有什么区别。但是，人的生活不只有这些东西，除了物质生活以外，人还有精神生活。生活有物质的和精神的两个方面，人的生命也有物质生命和精神生命两个方面。

在这两个方面中，物质生活是属于自然的，精神生活是属于人文的。物质生活上人和禽兽在本质上是一样的，精神生活是只有人才有的。人之所以高于禽兽、之所以成为人，就在于人有精神生活。人生的价值、意义，体现在精神生命上。所以，要把精神生命放在第一位，也就是《论语》里说的"义以为上"；不讲精神的追求，只讲物质生活，那就和禽兽差不多了。所以，做人首先要"修己"，提升自己的精神境界。

群，群体。人是社会性的，不能脱离群体而生活。《论语》中孔子说："**鸟兽不可与同群，吾不与斯人之徒与而谁与？**"当时有隐者劝孔子的弟子追随他们退隐山林，孔子说了这段话，说的就是人不可离群。人总是生活在群体中间，所以如何处理个体与群体的关系，也是人生中回避不了的基本问题。所以中国传统文化总是把个人放到群体中间去考虑。大家知道，儒家道德的最高要求是仁。仁，从人，从二。就是讲人与人相处。做人，就是要学会与人相处，摆正个人在社会群体中的位置；群己统一，先公后私。从价值观的角度讲，可以用"公"字来表示。

总之，要把精神生活放在第一位，把个人看作群体的一分子。用传统的话说，一个是义，一个是群，或者说"公"。这就是讲做人的两个核心价值。其具体的体现就是要修己安人、安百姓，以天下为己任。

为什么说这两点是核心价值？我们看，从古到今，从历史到现实，贯穿我们的历史，支撑了我们民族的精神力量是什么？说到底就是这两点，就是这样的价值观。我们熟知的，体现着我们民族精神的名言，如"先天下之忧而忧，后天下之乐而乐""天下兴亡，匹夫有责""人生自古谁无死，留取丹心照汗青""苟利国家生死以，岂因祸福避趋之"等；近代以来从井冈山精神、长征精神，到抗日战争时期青年学生投笔从戎，担负起天下的兴亡；钱学森等抛弃优裕的生活，冲破重重阻碍，回国报效；"两弹元勋"们与家庭亲友隔绝，在艰苦的条件下进行"两弹一星"的研制；到抗震精神、航天精神，等等，所有这一切，其根本的思想基础，就在于中华民族世代相传的这两点基本的价值观。这是中华民族精神的核心和基础；没有它，就没有我们民族的历史，更没有民族复兴的将来。

所以，修己安人、安百姓，以天下为己任；如何处理物质生命和精神生命的关系和如何处理个人和群体的关系，这是学做人首先要思考的问题。在这两个问题上，中国传统的价值观和西方以个人物质利益为最高价值的观点是对立的。

二、见义勇为

见义不为，无勇也。

看到应该做的、符合道义要求的事而没有去做，那就是没有勇气。反过来说就是，看到应该做的就去做，也就是见义勇为。我把这一点提出来，是要说，这是学做人在行动上要做的第一步。这样说，许多人会不理解。见义勇为是和歹徒搏斗、舍己救人等的英雄行为，怎么能是第一步呢？其实在《论语》中只是说见到应该做的就要去做。这个要求很简单，每一个人都应该这样做，也都可以做到。但实际上这里面蕴含着很深的道理，体现了很重要的原则。见义不为，是道德教育中一个大问题。很多事情，他不是不知道应该怎样做，但他不做。这就是道德认知与道德实践脱节。"见义不为，无勇也。"就是针对这种现象，告诉我们，认识到了，就应该去做。认识到了而不做，这认识没有任何意义。所以认识到了就做，这是修养的起点。为什么明知应该做却不做？是因为有自己的考虑，为了自己方便，对自己是否有利等。这就涉及另一个问题：一事当前，如何选择做还是不做？是以应该不应该为标准，还是以对自己有利不利为标准？这也就是精神生命和物质生命关系在日常生活中的表现。以应该不应该为标准，是把精神生命的要求放在物质生命的要求之前；以有利不利为标准，就是把物质生命的要求放在精神生命的要求之前。所以，见义勇为是践行义以为上原则的第一步。

这样讲，是不是降低了见义勇为的意义？不。舍己救人当然是高尚的英雄行为，属于见义勇为，但是把见义勇为限制在舍己救人上，看来是提高了见义勇为的意义，实际上却会削弱见义

勇为的影响。一部分人会说，我钦佩见义勇为的
英雄，但我不是英雄，这样的行为也做不到。这
样见义勇为和他就没有关系了。所以我们要提倡
准确地理解见义勇为，提倡应该做的就做；把这
一点作为学做人的第一步。在日常生活中，凡事
都以"应该不应该"作为指导自己行动的原则，
从每一件小事做起，应该做的就去做。这是一个
起点。从这里一步步提高，贯彻到底，最高的境
界就是舍己救人，成仁取义。如果不能从小事做
起，应该做就去做，养成这样的习惯和品格，就
不可能在关键时刻舍己救人，成仁取义。

三、待人忠恕

《论语》说：

曾子曰："夫子之道，忠恕而已矣。"[2]

对于曾子这句话，有不同的看法。不过无论
如何，它说明忠恕之道是孔子思想中很重要的
内容。

忠恕指的是什么？可以看以下两段：

2　见第四讲，注释15。

子贡问曰："有一言而可以终身行之者乎？"子曰："其恕乎！己所不欲，勿施于人。"[3]

子贡曰："如有博施于民而能济众，何如？可谓仁乎？"子曰："何事于仁？必也圣乎！尧舜其犹病诸。夫仁者，己欲立而立人，己欲达而达人。能近取譬，可谓仁之方也已。"[4]

"己所不欲，勿施于人"，自己所不愿意接受的，不要加到别人身上，就是恕。恕是对个人行为的自我约束，不要把自己不愿意接受的东西强加到别人头上，不要给别人带来不好的影响。忠，并不是讲忠君，而是一般的对人的态度。"己欲立而立人，己欲达而达人"，自己想要在社会立足，也帮助别人立足；自己想要在社会上办事情通达顺利，也帮助别人做到这一点。"尽己之谓忠"，尽心尽力帮助别人，就是忠。

"己所不欲，勿施于人"，"己欲立而立人，己欲达而达人"，总的精神就是推己及人，将心比心，从自己的所欲所恶，去理解别人的所欲所恶；把别人看作和自己一样的人，为人处世心里不只想着自己，也想到别人。这是很基本的道理，应该是每个人日常生活中都要注意的、应该

3 见第四讲，注释 14。

4 见第九讲，注释 7。

做到的事情，也并不是很难，只要愿意就可以做到。简单一句话概括就是：心中有他人。

以上两点，看起来非常简单，但里面包含的原则和思想很重要。我们现在不能够要求大家都做到"以天下为己任""先天下之忧而忧，后天下之乐而乐""杀身成仁，舍生取义"等，也不必这样要求。但是，如果每件事情都能够把"应该不应该"放在第一位，都能够推己及人，想到他人，就走到了做人的大道上。顺着这条大道走下去，就会不断提升自己，不断把自己的胸怀扩大，最后达到"先天下之忧而忧，后天下之乐而乐"。

四、克己复礼

颜渊问仁。子曰："克己复礼为仁。"……颜渊曰："请问其目？"子曰："非礼勿视，非礼勿听，非礼勿言，非礼勿动。"[5]

克己，克制自己。复礼，按照礼的要求去做。不合乎礼的不要看、不要听、不要说、不要做，视听言动一切方面都合乎礼，就是仁了。

孟懿子问孝，子曰："……生，事之以礼；

5 见第四讲，注释16。

死，葬之以礼，祭之以礼。"[6]

孝是为仁之本，具体怎么做，也落实到礼上。

仁、孝都离不开礼，要落实在礼上；仁是灵魂，礼是形式。"文质彬彬，然后君子。"内在的仁心和外表的礼仪很好地结合，才是君子。所以又说，"立于礼"，"不学礼，无以立"。

"礼之用，和为贵。"人类社会形成了各种社会关系，人生活在这些社会关系中，有不同的地位、身份；君臣、父子、夫妇、兄弟、朋友这五伦，是古代社会基本的人伦关系。要处理好这些关系，求得社会的和谐，就要遵守一定的规矩。中国古代的礼，就是这样的规矩，或规范。它反映人们之间的区别、分别，厘清和维持这种区别、分别，在分别的基础上求和谐，别中求和。要在别中求和，礼的基本精神是敬。比如，对人不直呼其名；对人用尊称，对己用谦称，等等，都是体现敬。

受西方思想影响，现在我们许多人爱讲平等，认为礼的规范是封建等级制的反映，一概要不得；父子、夫妇、兄弟、朋友、同学、上下级……都只用一个"朋友关系"来概括。于是，

6 见第四讲，注释 17。

孩子对父母直呼其名，甚至狎称"哥们儿"；父母、师长的批评、管教都被看作"不平等"，如此等等，总之是只知有"平等"，不知有"别"，因而亦不知有"敬"。

现代社会人格上人人平等，父子、师生、上下级都应成为朋友，是对的。然而，人与人之间需要爱和敬，这是普遍的、共通的，但在不同的人伦关系中，它的表现又是有区别的。共同的爱和敬通过不同的规矩而表现。不讲区别，只讲一个抽象的平等，是不可能处理好不同的社会关系的。

守规矩，要求一言一行都合于道德礼仪规矩的要求。这就要有所节制。

人有七情六欲，情和欲两个方面都要适度，有节制。对于欲，要取之有道，不取不义之财，这比较容易理解，无须多说。特别要说说，对情也要有所节制。喜怒哀乐是人之常情，这是自然的，无所谓是非善恶。人与外界接触，情就表现为行为。因为人是生活在群体中的，所以对情的表达就须有所节制。**"喜怒哀乐之未发谓之中，发而皆中节谓之和。"** 节制适度，才能达到和谐。只强调张扬个性，不注意适度和必要的节制，非但不利于和谐，还会带来恶果。

近几十年，受各种因素的影响，这种优良传统受批判、被抛弃。人们一味追求个性解放，以节制为压制个性，以忍让为软弱。任性、跟着感觉走成为时髦。这是情绪失控，导致恶性事件的重要原因。我们见到一些报道，或因恋人提出分手而对其加以杀害；或因小事引发口角；或因自认受到屈辱，导致斗殴以至凶杀；还有学生杀害老师等恶性事件，屡有发生。重要原因之一往往就是不知节制，任性而为，情绪失控，丧失理智。很多情况下，一时性起，酿成大错；事件既发，顿感后悔，但为时已晚。我们只能说，虽情有可原，但罪不能赦。

五、行己有耻

子贡问曰："何如斯可谓之士矣？"子曰："行己有耻，使于四方，不辱君命，可谓士矣。"[7]

有耻，就是有羞耻心。羞耻心是道德自觉的基础，知耻是道德的一个底线。一个人有了知耻之心，才会对不道德的事感到于心不安；才会约束自己，有所不为。如果完全没有羞耻心，他就

---

7 见第四讲，注释11。

会无所不为，只要对自己有利，就肆无忌惮，无恶不作。这样的人，是危险的，也可以说就无可救药了。所以人不可以无耻。

有一种说法，认为西方人信上帝，相信做了坏事会受到上帝的惩罚。为了不受上帝的谴责，就会约束自己。而中国人不信宗教，就没有约束，所以做坏事无所顾忌，道德状况不好。其实，中国人虽不信上帝，但对自己的行为是有约束的。中国人不是靠上帝约束自己，而是靠知耻，靠羞耻心，靠良心。孔子的弟子宰我问，能不能把丧期从三年改为一年？孔子没有回答说可以或不可以，只问宰我能不能心安。就是说，做不做，怎么做，就看能不能心安。做事要求心安，要对得起良心，这就是知耻，就是对自己的约束；就是以良心、以道德自觉约束自己。良心，也不是完全依个人的想法。中国人讲"天理良心"，良心和天理是一致的；良心就反映了天理，也是不能不这样做的。这是一种强大的道德力量。

最后，小结一下，就是五句话：

修己安人，以天下为己任；

见义勇为，应该做的就做；

待人忠恕，心中要有他人；

克己复礼，动静合宜；

行己有耻，有所不为。

最后，还要说一点：以上五点，都是讲的做人的最一般的道理、原则，是为人的常道；这些原则是适用于古今中外一切人的。但要注意，这些原则在不同时代、不同社会里，其具体内容是不同的。什么是应该的，什么是可耻的，个人和群体的关系要怎样处理，以天下为己任具体的内容是什么，要遵守什么样的规矩，等等，这些都是随时代变迁而发展变化的。所以我们要根据当今社会的需要，赋予传统的道理以新的时代内容，而不是简单地照搬过去的做法。

今天就讲到这里。谢谢大家。

2011 年 10 月 11 日

2011 年 10 月 18 日

2011 年 10 月 26 日

2011 年 11 月 23 日

2011 年 12 月 27 日

学做人从日常生活做起

我们的中心主题是"读《论语》学做人"。那么学做人从哪里做起？不是从"**以天下为己任**""**先天下之忧而忧，后天下之乐而乐**"等做起，而是要从日常生活做起。今天，我从《论语》里提出两点来说。

一、见义勇为

见义不为，无勇也。

孔子批评"见义不为"的现象。说看到应该做的、符合道义要求的事而不去做，那就是没有勇气。反过来说就是，看到应该做的就要去做，也就是要见义勇为。这是学做人在行动上要做的第一步。见义不为，是一种常见的现象。孔子那时候这样，现在也是这样。在我们周围，几乎随时都可见到；就连我们自己也难免有此类现象。很多情况下，他不是不知道应该怎样做，但他知道了不做，就是道德认知与道德实践脱节。这又是道德教育和道德修养中一个大问题。道德最重要的是要落实到行动中。不做，就全是空的。"**见义不为，无勇也**"就是针对这种现象，告诉我们，认识到了，就应该去做。认识到了就做，这是修养的起点。

认识到应该做的就做，看起来很简单，但意义很大。为什么见义不为？这就涉及价值观的问题。一事当前，做还是不做？每个人有一个标准。这个标准无非是两个。或者是以道义的要求，应该不应该为标准；或者是以个人利害的考虑，对自己有利不利为标准。这也就反映了两种不同的价值观。是把道德的、精神的要求放在第一位，还是把个人的、功利的考虑放在第一位？这个道义和功利的关系问题是人生的一个基本问题。应该做的就做，是践行把道义的要求放在第一位的价值观的第一步。

人们常把见义勇为解释为舍己救人。舍己救人是见义勇为的英雄行为，应该宣扬，应该表彰。但是把见义勇为限制在舍己救人上，看起来是提高了见义勇为的意义，实际上却会削弱见义勇为的影响。有人会说，我钦佩见义勇为的英雄，但这样的行为我做不到，我也不想做英雄。见义勇为和他就没有关系了。所以我们要准确地理解见义勇为。克服见义不为的毛病，应该做的就做，这就是见义勇为。要提倡这一点，把这一点落实到日常生活中，凡事都以"应该不应该"作为指导自己行动的准则。从每一件小事做起，应该做的就去做。把这作为学做人的第一步、一个起点。从这里一步步提高，贯彻到底，最高的境界就是舍己救人，成仁取义。如果不能从小事做起，应该做就去做，就不可能在关键时刻舍己救人，成仁取义。

应该做的就做，这么简单，为什么还说"勇"为？

人们常把勇理解为不怕死。所以曾经有人提出把见义勇为改为"巧为"。"见义勇为"的"勇"，是指要勇于战胜自己。因为见义不为是因为有私心，要做到应该做的就做，必须克服私心，而这是需要勇气的。所以说要见义勇为。

二、待人忠恕

曾子曰："夫子之道，忠恕而已矣。"

忠恕之道是孔子思想中很重要的内容。
忠恕指的是什么？可以看以下两段：

子贡问曰："有一言而可以终身行之者乎？"

子曰:"其恕乎!己所不欲,勿施于人。"

子贡曰:"如有博施于民而能济众,何如?可谓仁乎?"子曰:"何事于仁?必也圣乎!尧舜其犹病诸。夫仁者,己欲立而立人,己欲达而达人。能近取譬,可谓仁之方也已。"

"己所不欲,勿施于人",自己所不愿意接受的,不要加到别人身上,是恕。"己欲立而立人,己欲达而达人",自己想要在社会立足,也帮助别人立足;自己想要办事情通达顺利,也帮助别人通达顺利,是忠。恕是对个人行为的自我约束,不要给别人带来不好的影响。"尽己之谓忠",忠就是要尽心尽力帮助别人。

忠恕总的精神是为他人着想。有一些似是而非的说法要注意分辨。"己所不欲,勿施于人"已经为各大宗教接受,被公认为人类可以普遍接受的共同价值,称为"金律"。各大宗教都有类似的要求,但相通之中又有相异。《圣经》说:"你们要别人怎样对待你们,你们也要怎样对待他们。""你们要别人怎样对待你们,就得怎样对待别人。"还有人说"己所欲施于人",这些说法的出发点和落脚点都是自己,是与忠恕之道的精神相悖的。

为他人着想，就要了解他人的需要和想法，从他人的想法和需要出发。怎样做到这一点？方法就是推己及人，将心比心，从自己"所不欲"和"欲"，自己的所欲所恶，去理解别人的所欲所恶；也就是"能近取譬"。孔子说是"仁之方"，行仁的方法。

简单地说，就是把别人看作和自己一样的人，为人处世心里不只想着自己，也想到别人。这是很基本的道理，每个人都应该做到，只要愿意也都可以做到。简单一句话概括就是：心中有他人。

以上两点，看起来非常简单，但里面包含的道理和思想很重要。应该做的就做，把应该不应该作为言行的标准，从日常小事开始，进一步，对富贵贫贱的取舍，也以道义要求为标准。

富与贵，是人之所欲也，不以其道得之，不处也；贫与贱，是人之所恶也，不以其道得之，不去也。[1]

再进一步，生死的选择，也以道义的要求为标准。

1　见第一讲，注释 26。

志士仁人，无求生以害仁，有杀身以成仁。[2]

生死抉择，唯义所在。

忠恕之道，进一步是修己安人；再进一步，是修己安百姓。**"博施于民而能济众"，"先天下之忧而忧，后天下之乐而乐"，"以天下为己任"，"天下兴亡，匹夫有责"**。

这两点实际是回答了人生的两个基本问题：物质生命和精神生命的关系，个体和群体的关系。人的生命有两部分，物质生命和精神生命。物质生命的基础是人的生物本能，和禽兽没有根本的区别。但人和禽兽不同，人要思考人生的意义、价值，有理想、追求、价值观，要处理各种人伦关系，要讲道德，就是有精神生命。这是人所独有的。所以就有物质生命和精神生命的关系问题。人是社会性的，每一个人既是独立的个人，同时又是群体的一分子，所以就有个体和群体的关系问题。这两个问题，反映了人和禽兽的根本区别，是人生的基本问题。

中国文化对这两个问题的回答，一是"义以为上"，要把精神生命的追求放在第一位，以精神生命的追求指导和节制物质生命的欲求；一

2　见第一讲，注释28。

是"群己统一"，要把个人放在群体中，自觉把个人看作群体的一分子，把个人的发展和群体的发展统一起来，在群体的发展中求个人的发展。这两点反映了人和禽兽的根本区别，是人之所以为人之所在，是中华文化的两项核心价值。《荀子》说：

> 力不若牛，走不若马，而牛马为用，何也？曰：人能群，彼不能群也。人何以能群？曰：分。分何以能行？曰：义。

见义勇为和行忠恕之道是践行这两项核心价值的起点。从这两点发展、提高，可以达到中华文化关于做人的最高要求和境界。不可能要求大家都做到"以天下为己任""杀身成仁""舍己救人"等，也不必这样要求。但是，如果每件事情都能够把"应该不应该"放在第一位，都能够推己及人，想到他人，就走到了做人的正道上。顺着这条正道走下去，就会不断提升自己，不断把自己的胸怀扩大，最后能舍己救人，杀身成仁。

2017 年 7 月 16 日

2017 年 7 月 20 日

[第十三讲]

论教与学

一、关于教

孔子一生，主要精力用于教育。《论语》记：

或谓孔子曰："子奚不为政？"子曰："书云：'孝乎惟孝，友于兄弟。'施于有政，是亦为政，奚其为为政？"[1]

这是他对教育的基本认识。孔子关于教育的思想，还可指出几点：

1. 关于教育的本质

性相近也，习相远也。[2]

孔子这段话指出了人生中先天的和后天的两个方面。性是先天的、自然的；习是后天的、人文的。而在这两个方面中，前者是相近的；现实中表现的人的差别，人的善恶、高下，不是天生的，而是由后天的习染所形成的。由此可以引出一个极重要的认识：人是可以而且也应该在社会生活中不断提高自己、完善自己的。从根本上说，人之所以为人的素质不是天然形成的，它是在后天的社会生活中形成的，需要经过学习和修

1　出自《论语·为政》，意为：有人对孔子说："你为什么不从事政治呢？"孔子说："《尚书》上说：'孝，孝于父母，又爱兄弟。'把这孝悌的道理施影响到政事上，也就是从事政治了。又要怎样才是为政呢？"

2　出自《论语·阳货》，意为：人的本性是相近的，因为习染不同才相互远离了。

养来得到；人也只有在后天的学习修养中才能摆脱禽兽的境界，从自然的、生物的人提升为社会的人，成为真正意义上的人。正是这一点，决定了为什么人类社会要有教育，决定了教育的本质。教育，就担负着使人脱离禽兽的境界，成为真正意义上的人的使命。培养有健全人格的全面发展的人，就是教育的根本任务和本质。简单地说，教育的根本任务就是教人学会做人。

樊迟请学稼。子曰：“吾不如老农。”请学为圃。曰：“吾不如老圃。”樊迟出。子曰：“小人哉，樊须也！上好礼，则民莫敢不敬；上好义，则民莫敢不服；上好信，则民莫敢不用情。夫如是，则四方之民襁负其子而至矣，焉用稼？”[3]

有人曾经根据这段话，批评孔子的教育思想轻视劳动。对此，要从两个方面看。

一方面，这一章主要是反映了孔子对教育本质和目的的理解。他把教育看作为政的手段，他的教育是要培养治国的贤才，由他们来治国，使"四方之民襁负其子而至"。对教育本质和目标的这种认识，决定了他的教学内容，不需要教耕稼、园圃的知识，而只需要教礼、义、信等政

3　出自《论语·子路》，意为：樊迟请求学种庄稼。孔子说："我不如老农。"又请求学种菜。孔子说："我不如老菜农。"樊迟退出之后，孔子说："樊迟真是小人。在上位的人只要重视礼，百姓就不敢不敬；在上位的人重视义，百姓就不敢不服；在上位的人重视信，百姓就不敢不用真心实情来对待你。做到这样，四方的百姓都会背着自己的小孩来投奔，哪里用得着自己去种庄稼呢？"

治、道德的知识和修养。

这一思想在《论语》其他章也有反映。

君子博学于文，约之以礼，亦可以弗畔矣夫。[4]

君子学道则爱人，小人学道则易使也。[5]

教育人们学道的目的是使受教育者"爱人""弗畔""易使"，教育与为政治国的关系表现得非常清楚。还有：

诵《诗》三百，授之以政，不达；使于四方，不能专对。虽多，亦奚以为？[6]

这反映出孔子重视学以致用，反对死记硬背；而其用即是在政事。所以，能否从政也是孔子评价弟子的一个重要标准。

雍也可使南面。[7]

由也果，于从政乎何有？……赐也达，于从政乎何有？……求也艺，于从政乎何有？[8]

孔子的弟子，也把出仕从政当作自己的目标和义务，确有一批人出仕从政，担任了各种官职。

这里要说到学而优则仕。

4　出自《论语·雍也》，意为：君子广泛地学习文献，又以礼来约束自己，也就不至于离经叛道了。

5　见第二讲，注释5。

6　出自《论语·子路》，意为：熟读了《诗经》三百篇，让他处理政务，却办不通；让他出使外国，又不能独立谈判。虽然学了很多，有什么用呢？

7　出自《论语·雍也》，意为：冉雍这个人，可以让他去治理国家。

8　出自《论语·雍也》，意为：仲由做事果断，对于管理政事有什么困难的？……端木赐可以让他管理政事吗？"……冉求多才多艺，对于管理政事有什么困难的？

子夏曰：“仕而优则学，学而优则仕。”[9]

学而优则仕，这句话一直被认为是典型的“读书做官论”。对此要作分析。子夏的整句话是**“仕而优则学，学而优则仕”**。“优”是有余力的意思。从政、治国有余力，有闲暇时间，要学习；学习有余力可以去做官，从政做官的一个前提是要学习。突出的都是一个“学”字。

这点在当时有很重要的意义。在这之前，只有贵族可以从政当官，而贵族的地位是世袭的。平民永远与从政无缘。现在提出学而优则仕，学习好了，有能力还可以出仕。这对于打破原来那种贵族世袭的传统，有很大的意义。

“学而优则仕”强调了“学”。发展到后来，形成了科举的传统，以考试来选官。不是凭出身，不是凭世袭，而是要凭学识。从这方面来讲应该说是一个好的传统。当然科举形成传统以后，也引起了另一个方面的影响。因为学习直接和考取功名挂钩，就使得某些人把做官作为学习的目的，把学习当作谋取功名的一个手段、一个途径，而且形成了一种风气，越来越盛，就是所谓的“读书做官论”。这是负面的影响。

9 出自《论语·子张》，意为：子夏说：“做官有余力就去学习，学习有余力就去做官。”

所以对"学而优则仕"也要分析。开始形成的时候，它突破了贵族世袭的制度，使得普通人也可以通过学习来从政，教育也得到普及。这是它的本意，是应该肯定和继承的。但后来又逐渐演变出另外一个意思，形成了"读书做官论"，学习的目的不是为了提高自己，而是为了求官位。这又是应该否定和抛弃的。

以上是从孔子的教育思想看，孔子以学道为教育的主要内容，以培养治国贤才为主要目的，基本上是正确的。

另一方面，关于传授生产知识。从当时的社会状况看，社会并没有提出在学校传授生产知识的要求。古代小农经济条件下，农业手工业的生产经验和技能是通过父辈或师傅手把手地传授，不需要通过学校教育；学校教育要做的是传授做人和治国之道，提高人的人文素质，培养治国人才。《论语》中子夏说的**"百工居肆以成其事，君子学以致其道"**[10]正是反映了当时这样的客观情况。

生产知识进入教育，是近代社会经济发展带来的需要。机器用于生产，机器工业兴起，脑力劳动与体力劳动相分离，科学技术成为生产力，

10　出自《论语·子张》，意为：各种工匠住在作坊里来完成自己的工作，君子通过学习来掌握道。

使"百工居肆以成其事"的情况发生了变化。机器工业的发展，要求培养科学家、工程师和各类专业人员，也要求普通劳动者掌握必要的科学知识。这就促使教育发生深刻的变化，科技知识的传授开始进入教育，有了近现代以智育为主的专业的教育。与专业教育相适应，教育的体制、组织形式和教学方法也都发生改变。教育的这一变革，对于促进人类文明的发展起了重要的作用。

所以，教育的功能、内容是随着社会的发展而发展的；孔子不教樊迟学种田、种菜，是适合当时的社会需要和教育本质的；脱离具体条件批判他轻视生产劳动，是没有道理的。

随着科学技术的飞速发展和它的作用的迅速增大，对人的科学技术知识和能力的要求也日益提高，科技知识教育在教育中也占据了愈来愈重要的地位。在这样的背景下，产生了只重智育，忽视德育的倾向。教育教人学会做人的根本任务被淡化、被忽略，道德人格教育被边缘化。这一趋势已经引起愈来愈多的关注，立德树人重新受到重视。在反思过去，进行教育改革的过程中，又出现了忽视智育的现象。有人以为孩子可以放弃科学文化知识的学习，一心只读文化经典。社会对人的素质的要求是随社会的发展而变化的。从教育的起源看，教育的根本性质和任务是把人从自然的、生物意义上的人，提升为社会的、人文的人。而从人类文明发展来看，教育的性质和任务已经有了大的发展。教育已经不只是教人做人，而且要教人成为适应社会需要的人。在科学技术高度发展，科学成为第一生产力的现代社会，科学技术知识和运用科学技术的能力，已经是现代人不可或缺的基本素质。教育如果不能培养出适应社会需要的各类专业人才，也就不是合格的现代教育。总之，因为科学技术的发展和智育的重要性日益提高而忽视德育，模糊了对教人做人的根本本质的认识，是一种片面性，应该纠正；因强调教人做人的根本本质而忽视智育，也是一种片面性，应该避免。对于孔子的教育思想，既要充分肯定和继承他关于教育本质的基本思想，又要适应时代需要，赋予它新的内容，有所发展。

2. 有教无类

有教无类。[11]

自行束脩以上，吾未尝无诲焉。[12]

11　出自《论语·卫灵公》，意为：人人都可以有教化，没有区别。

12　出自《论语·述而》，意为：只要是持十条干肉作为见面礼的，我没有不给予教诲的。

有教无类，即没有身份、财产等的限制，只
要奉上一定数量的见面礼，都接纳为弟子，给以
教育。孔子的弟子中，有贵族子弟，而多数是出
身贫贱的庶民子弟。这些出身于庶民的弟子，学
成后不少都从政为官，曾子、子夏还曾为诸侯
师。孔子有教无类的教育，开辟了一条普通庶民
子弟跻身于贵族的途径，为任人唯贤、打破官员
由贵族世袭的制度创造了条件，对于中国社会起
了深刻重要的影响。

3. 文、行、忠、信四教

《论语》说：

子以四教：文、行、忠、信。

文，指文献知识。《史记》说：

**孔子以《诗》《书》《礼》《乐》教，弟子盖
三千焉，身通六艺者七十有二人。**[13]

六艺，古时有两种不同解释：一指礼、乐、
射、御、书、数；一指《诗》《书》《礼》《乐》
《易》《春秋》六经。此处是后者。《论语》中多
处讲到这些学习的内容。

行，指德行；忠、信是孔子所重视的两项道

13　出自《史记·孔子世
家》，意为：孔子以《诗》
《书》《礼》《乐》教导学生，
他的弟子有三千多人，其中
精通六艺的有七十二人。

德要求，也可属于德行范畴。《论语》又有：

君子博学于文，约之以礼，亦可以弗畔矣夫。[14]

夫子循循然善诱人，博我以文，约我以礼。[15]

博文约礼，也就是文行两个方面，是孔门之教的概括。博学于文，重学道悟道，道德情感的修养；约之以礼，是力行践礼，重在行为举止的端正。内外兼修，文质彬彬，然后君子。

弟子入则孝，出则悌，谨而信，泛爱众，而亲仁。行有余力，则以学文。[16]

孝悌、谨信、爱众、亲仁都是仁德的要求，属于"行"的范畴。**"行有余力，则以学文"**，说明孔子是把德行的教育放在首位。但"行有余力"主要是从为学次第说，并不意味着轻视学文。

《论语》又有：

子夏曰："贤贤易色，事父母能竭其力，事君能致其身，与朋友交言而有信。虽曰未学，吾必谓之学矣。"[17]

14 见本讲，注释4。

15 出自《论语·子罕》，意为：老师一步步地诱导我，用文献丰富我的知识，用礼来约束我的言行。

16 见第四讲，注释6。

17 出自《论语·学而》，意为：子夏说："一个人能看重贤德而轻视女色，侍奉父母能竭尽全力，服侍国君能献出生命，与朋友相交说话诚实可信。这样的人，尽管他自己说没有学习过，我一定认为他是已经学习了的。"

也是突出为学的根本在力行，但说"虽曰未学，吾必谓之学矣"，却有不须学习的意思，有矫枉过正之嫌。还有：

子游曰："子夏之门人小子，当洒扫应对则可矣。抑末也。本之则无，如之何？"子夏闻之，曰："噫，言游过矣！君子之道，孰先传焉？孰后倦焉？譬诸草木，区以别矣。君子之道，焉可诬也？有始有卒者，其惟圣人乎？"[18]

就本末言，洒扫应对之行是末，仁义忠恕之道是本。就先后言，洒扫应对之行在先，行有余力学文。本末先后，不可不辨。力行与学文二者不可偏废。不力行而徒学文，则非"为己之学"，学而无益；只力行而废学，则事理不明，所行亦易走偏。

4. 教学方法
（1）重启发。

不愤不启，不悱不发。举一隅不以三隅反，则不复也。[19]

他要求弟子学习的时候能勤于思考，总是要在弟子经过用心思考之后还想不清楚，说不出来

18 出自《论语·子张》，意为：子游说："子夏的学生，做一些打扫和接待客人的工作是可以的，可这些只是末节小事，根本的东西却没有学到，这怎么行呢？"子夏听了，说："唉，言游错了。君子的道，哪些先传授，哪些后教诲，就和草木一样，都是分类区别的。君子的道，怎么可以妄加评说呢？至于能够有始有终，对于小事末节和根本道理都能学通了的，恐怕只有圣人吧？"

19 出自《论语·述而》，意为：不到他努力想弄清楚而又想不通的时候，不去开导他；不到他想说而说不出来的时候，不去启发他。举出一个角讲给他听而他不能由此推知其他三个角，那就不再教他了。

的情况下，才对弟子进行启发。他要求弟子做到举一反三；做不到这一点，他不再重复。《论语》上记载的孔子与弟子的问答，具体体现了这一点。

子贡曰："贫而无谄，富而无骄，何如？"子曰："可也。未若贫而乐，富而好礼者也。"子贡曰：《诗》云：如切如磋，如琢如磨，其斯之谓与？"子曰："赐也！始可与言《诗》已矣；告诸往而知来者。"[20]

子夏问曰："'巧笑倩兮，美目盼兮，素以为绚兮。'何谓也？"子曰："绘事后素。"曰："礼后乎？"子曰："起予者商也，始可与言《诗》已矣。"[21]

孔子赞扬子贡、子夏能"告诸往而知来"，从孔子和文献已经说到的，领悟到还没有明说的意思。《论语》上还有：

子谓子贡曰："女与回也孰愈？"对曰："赐也何敢望回？回也闻一以知十，赐也闻一以知二。"子曰："弗如也。吾与女弗如也。"[22]

子贡说自己不如颜渊，自己只能闻一知二，由此及彼；而颜渊却能闻一知十，推知全体。孔

20　出自《论语·学而》，意为：子贡说："贫穷而能不谄媚，富有而能不骄傲，怎样呢？"孔子说："这也算可以了，但不如贫穷而还乐于道，富有而还好礼。"子贡说：《诗经》上说：要像加工牙骨玉石那样切呀，磋呀，琢呀，磨呀，就是讲的这个意思吧？"孔子说："赐呀，你能从我已经讲的话中领会到我还没有说到的意思，现在可以和你谈《诗经》了。"

21　出自《论语·八佾》，意为：子夏询问道："'（《诗经》上说，）（庄姜）面颊上微露甜美的笑容，美丽的眼睛黑白分明，就像绘画时把素色画在文彩上一样啊。'意指什么啊？"孔子说："绘画先布众色，后以素分布其间。"（子夏）说："礼节是人的德行中后修养的吧？"孔子说："发挥我的意思的是商啊！方才可以同（他）谈论《诗经》了！"

22　出自《论语·公冶长》，意为：孔子对子贡说道："你跟回（相比）谁能胜过谁？"（子贡）回答说："我怎么敢同颜回相比！颜回听到一件事而知道十件事，我听到一件事而知道两件事。"孔子说："是比不上。我同意你比不上的说法。"

子肯定了子贡的意见，表示子贡在这点上确实不如颜渊，可见孔子对举一反三能力的重视。

（2）因材施教。

孔子教人，因人而异。《论语》记：

> 子路问："闻斯行诸？"子曰："有父兄在，如之何其闻斯行之？"冉有问："闻斯行诸？"子曰："闻斯行之。"公西华曰："由也问闻斯行诸，子曰有父兄在，求也问闻斯行诸，子曰闻斯行之。赤也惑，敢问。"子曰："求也退，故进之；由也兼人，故退之。"[23]

子路和冉有问了同样的问题，针对二人性格不同，孔子作了相反的回答。子路好勇过人而冉有平时常退缩，所以回答问题时鼓励冉有"闻斯行之"，而对子路则约束他，不让他"闻斯行之"。这个例子生动地体现出孔子因材施教的教学方法。

二、关于学

1. 学无常师

孔子论学，不只是向书本学习，更主张随时

23　出自《论语·先进》，意为：子路问："听到了就去做吗？"孔子说："父兄还在，怎么能听到就做呢？"冉有问："听到了就去做吗？"孔子说："听到了就要去做。"公西华说："仲由问听到了就去做吗，你回答有父兄健在，冉求问听到了就去做吗，你回答听到了就要去做。我弄糊涂了，冒昧地问一下。"孔子说："冉求总是退缩，所以我鼓励他；仲由好勇过人，所以我约束他。"

随地向一切人学习。

子曰："三人行，必有我师焉。择其善者而从之，其不善者而改之。"[24]

见贤思齐焉，见不贤而内自省也。[25]

见贤者学其贤，见不贤以其不贤为戒，贤与不贤均可为师。还特别提出"不耻下问"，向不如自己的人学习。

子贡问曰："孔文子何以谓之文也？"子曰："敏而好学，不耻下问，是以谓之文也。"[26]

曾子曰："以能问于不能，以多问于寡；有若无，实若虚；犯而不校，昔者吾友尝从事于斯矣。"[27]

卫公孙朝问于子贡曰："仲尼焉学？"子贡曰："文武之道，未坠于地，在人。贤者识其大者，不贤者识其小者，莫不有文武之道焉。夫子焉不学？而亦何常师之有？"[28]

文化的传承在人，不论贤与不贤，"莫不有文武之道"，只是有大小之别。不贤者之所以可以为师，不只是因为可以引以为戒，而且亦因为其身上也有文武之道。所以孔子虽然没有固定的老

24 见第六讲，注释 20。

25 见第六讲，注释 19。

26 出自《论语·公冶长》，意为：子贡问道："孔文子为什么被称为'文'呢？"孔子说："他勤勉好学，不以向地位卑下的人请教为耻，所以称他为'文'。"

27 出自《论语·泰伯》，意为：曾子说："自己有才能却向没有才能的人请教，自己知识多却向知识少的人请教；有学问却好像没有学问，知识很充实却好像很空虚；被人侵犯也不计较。从前我的朋友就曾这样做过了。"

28 出自《论语·子张》，意为：卫国的公孙朝问子贡："仲尼的学问是从哪里学的？"子贡说："周文王武王的道，没有失传，还留在人们中间。贤能的人认识了其大处，不贤的人只认识了其小处，在他们身上无不都有文王武王之道。我们老师哪里不在学，而又哪里有固定的老师呢？"

师，却可以向一切人学；所有人都是他的老师。

2. 知之为知之，不知为不知

知之为知之，不知为不知，是知也。[29]

什么是智慧？孔子说就是这样一种老实的态度，知道的就说知道，不知道的就说不知道。这就是智慧。这是一个简单而重要的真理。任何一个人要想真正得到一点知识，没有这样的态度是不行的。孔子又说：

多闻阙疑，慎言其余，则寡尤；多见阙殆，慎行其余，则寡悔。[30]
盖有不知而作之者，我无是也。[31]

主张多听多看，对不了解的事慎言慎行；反对不知而做，对不懂的事情盲目妄为。又说：

子绝四：毋意，毋必，毋固，毋我。[32]
道听而涂说，德之弃也。[33]

反对道听途说，反对主观臆测，反对固执己见等，都反映了对"知"的老实态度。正因为有这样的态度，他才能做到不耻下问，学无常师，虚心向一切人学习。

29　出自《论语·为政》，意为：知道的就是知道，不知道的就是不知道，这才是真正的智慧呀！

30　出自《论语·为政》，意为：多听，有疑问的地方先放在一旁不说，其余有把握的，也要谨慎地说，就能减少过失；多看，有疑问的地方先放在一旁不做，其余有把握的，也谨慎地去做，就能减少后悔。

31　出自《论语·述而》，意为：大概有自己不懂却在那里凭空创造的吧，我没有这种事。

32　见第八讲，注释12。

33　出自《论语·阳货》，意为：从路上听到传言就到处传播，是对道德的背弃。

子曰："夏礼吾能言之，杞不足徵也；殷礼吾能言之，宋不足徵也。文献不足故也。足，则吾能徵之矣。"[34]

孔子对礼的态度，正是知之为知之，不知为不知的具体表现。

3. 学用一致

学而时习之。

习，即行。为己，也体现于行。

子曰："诵《诗》三百，授之以政，不达；使于四方，不能专对。虽多，亦奚以为？"[35]

熟读文献，至于能诵，却不能用于政事，又有何用？读《论语》不能用于改变自身，等于不曾读，是说学要用于行。

4. 学思结合，温故知新

孔子重视学和思的关系，说：

学而不思则罔，思而不学则殆。[36]

认为学与思二者不可偏废。他又分别说明这

34 出自《论语·八佾》，意为：孔子说："夏朝的礼，我能说出来，但杞国不足以证明我的话；殷朝的礼，我能说出来，但宋国不足以证明我的话。这是因为历史典籍和贤人不够的缘故。如果有足够的历史典籍和贤人，我就可以证明了。"

35 见第十三讲，注释6。

36 出自《论语·为政》，意为：只学习而不思考，就会罔然无知而没有收获；只思考而不学习，就会疑惑而不能学好。

两个方面：

吾尝终日不食，终夜不寝，以思，无益，不如学也。[37]

这是说的"**思而不学则殆**"。他又对子贡说：

赐也！女以予为多学而识之者与？……非也。予一以贯之。[38]

强调他不是"**多学而识之者**"，而是"**一以贯之**"。而要做到一以贯之，就要求在多学的基础上进行思考；只是多学而识，不加思考，所学再多，也不可能融会贯通、一以贯之。这又是说的"**学而不思则罔**"。

所以，在学与思的关系问题上，孔子的思想是全面的，主张学与思结合。而在不同场合，对不同对象，他又有不同的说法，有时突出这一方面，有时又突出另一方面。这反映了《论语》的一个特点，它不像西方哲学著作那样，按照一个严密的逻辑体系来展开论述，而是在对具体问题的讨论中说明思想。所以，读《论语》要注意把有关同一个问题的不同论述联系起来，综合理解，才能准确把握孔子的思想，不可只根据一章

37 出自《论语·卫灵公》，意为：我曾经整天不吃、整夜不睡地思索，结果没有益处，不如去学习的好。

38 出自《论语·卫灵公》，意为：赐呀！你以为我是多多地学习而一一记住的吗？……不是的。我是有一个东西贯穿始终的。

一句就作出判断。

子曰："温故而知新，可以为师矣。"[39]

学习要从已有的知识中有新的体会，要做到这一点就必须善于思考。只学习而不思考，是死读书，不能有自己新的体会，不能有系统全面的认识和把握。而知新又要以温故、多学而识之为基础，脱离前人已有之成果，凭空"创新"，会流于空谈，没有结果。

孔子自称"述而不作，信而好古，窃比于我老彭"。孔子整理古代的典籍，整理了《诗经》，编订了《春秋》等；他的教学，以"六经"为教材，传授上古的文化、前人的思想。这都是述。但他的述并非简单传述，而是述中有作。对于《诗经》，他作了筛选，从三千多首中编定了三百零五首；对《春秋》，他作了评议褒贬。在整理传授古代文化的时候，做到了温故而知新。他的很多思想，比如他的仁学的体系，仁和礼的关系，很多东西在以前是没有的。礼是过去就有的，仁也不是他发明的，但是经他整理和解释以后，他讲出了很多新的东西，开创了儒学。这是温故知新的一个最好的体现。

39 出自《论语·为政》，意为：孔子说："能从温习已知的知识中有新的体会，开发出新知识，就可以当老师了。"

通过述中之作，在对经典的注释、阐述中讲自己的思想，丰富发展儒学，成为儒学发展的传统。朱熹的主要著作《四书集注》，为"四书"作注，也是述。而他通过注释，发挥了理学的思想，则也是述中有作，以述为作。《四书集注》也代表了儒学发展的一个新的阶段。这是我们学习了解儒学传统要注意的一个问题。

我们现在学习继承传统文化，也要处理好温故和知新的关系。对于传统，首先要学，对传统有所了解，也就是要温故；要准确地理解和诠释传统文献，帮助人们了解传统，就是要述，准确地述。这是进一步发展创新的基础。离开对传统文献的学习和准确阐释，光凭自己的一些想法去"创新"，那就成了孔子批评的"不知而作"，说得再多，只是你自己的东西，和传统文化没有关系。但是不能温故而不知新，只是重复和照搬传统，不知创作发展。要结合新的情况，作出新的解释，得出一些新的体会和认识；再把它用到新的环境下面，解决新的问题，赋予它新的时代内容。继承传统的过程，应该是温故而知新的过程。

补注：

1. 出自《论语·为政》，意为：有人对孔子说："您为什么不从政？"孔子说："《尚书》上说：'孝就是善事父母，还要对兄弟亲爱。'把这些推行到有权人那里去，这也是从政，为什么（非要居官位）才算从政呢？"

9. 出自《论语·子张》，意为：子夏说："做官而（精力）充足就去学习，学习而（知识）充足就去做官。"

11. 出自《论语·卫灵公》，意为：在人存在的地方对人们进行教育，（所施教的人群）没有种类之别。

12. 出自《论语·述而》，意为：自己做检点行为培养品德而上进的事，（这样的人）我不曾不教导他们。

19. 出自《论语·述而》，意为：不到他努力想弄清楚而又想不通的时候，不去开导他；不到他想说而说不出来的时候，不去启发他。举出一个角讲给他听而他不能拿其他三个角反过来（思考已讲过的那个角），就不重复了。

29. 出自《论语·为政》，意为：知道的就是知道，不知道的就是不知道，这才是真正的"知"呀！

38. 出自《论语·卫灵公》，意为：赐呀！你以为我是多多地学习而一一记住的吗？……不是的。我用根本的东西把我所学贯通起来。

孔子的治国理念

先简单说一下孔子对时势的态度。

孔子生活的时代，社会处于大变革中，原有的秩序崩溃瓦解，王室衰微，诸侯各自为政，杀伐、篡夺层出不穷。对于这种情况，孔子非常不满，认为是天下无道。他说：

天下有道，则礼乐征伐自天子出；天下无道，则礼乐征伐自诸侯出。自诸侯出，盖十世希不失矣；自大夫出，五世希不失矣；陪臣执国命，三世希不失矣。天下有道，则政不在大夫。天下有道，则庶人不议。[1]

禄之去公室五世矣，政逮于大夫四世矣，故夫三桓之子孙微矣。[2]

这是对当时时势的总的批评。对于当时不断发生的僭越现象，他表示极大的愤慨。

孔子谓季氏："八佾（yì）舞于庭，是可忍也，孰不可忍也！"[3]

三家者以《雍》彻。子曰："'相维辟公，天子穆穆'，奚取于三家之堂？"[4]

季氏旅于泰山，子谓冉有曰："女弗能救与？"对曰："不能。"子曰："呜呼！曾谓泰山不

1　出自《论语·季氏》，意为：天下有道的时候，制礼作乐和出兵打仗都由天子决定；天下无道的时候，制礼作乐和出兵打仗就由诸侯决定。由诸侯决定，大概传到十代很少有不失掉君位的；由大夫决定，传到五代很少有不失掉的；由家臣来执掌国家的命令，传到三代很少有不失掉的。天下如果有道，政权不会在大夫手里；天下如果有道，老百姓就不会议论国家政治了。

2　出自《论语·季氏》，意为：爵禄之权离开鲁君已经五代了，政权落到大夫手中已经四代了，所以三桓的子孙也衰微了。

3　出自《论语·八佾》，意为：孔子评论季氏："在自己家庙的庭中使用六十四人的舞列，这样的事他都忍心去做，还有什么事他不忍心做呢？"

4　出自《论语·八佾》，意为：孟孙、叔孙、季孙三家在祭祖完毕撤除祭品时，命乐工唱《雍》诗。孔子说：《雍》诗唱的是诸侯助祭，天子肃穆地在那里主祭。这样的意思，怎么能用在你三家的庙堂里呢？"

如林放乎？"[5]

佾，祭典上舞蹈的行列。当时天子用八佾，诸侯六佾，大夫四佾。《雍》，诗篇名，孔子所引二句，是歌颂天子祭祀，诸侯助祭的盛况和天子的威仪的。旅，祭祀名。当时只有天子可以祭天下名山大川，诸侯只能祭境内山川。这三例都是说鲁国的大夫孟孙、叔孙、季孙三家用了只有天子才能用的礼乐，孔子对此表示了强烈的不满，认为是不可容忍的。

孔子崇尚西周的礼乐制度，他的理想是要恢复西周礼乐制度的秩序。他说：

周监于二代，郁郁乎文哉，吾从周。[6]
如有用我者，吾其为东周乎？[7]

"为东周"，意思是要在东方恢复西周的礼乐制度，复兴周道。这是孔子所追求的理想目标。晚年，他曾经慨叹：

甚矣吾衰也！久矣吾不复梦见周公！[8]

反映了他对西周礼制的向往之情。

不过孔子也并非要求一成不变地固守西周礼

5　出自《论语·八佾》. 意为：季孙氏去祭泰山，孔子对冉有说："你不能劝阻他吗？"冉有回答说："不能。"孔子说："唉！难道泰山神还不如林放知礼吗？"

6　出自《论语·八佾》，意为：周朝的礼法制度借鉴于夏商二代，是多么的丰富多彩呀，我遵从周朝的礼法。

7　出自《论语·阳货》，意为：如果有人用我，我或许能在东方复兴周道，建起一个东周来哩。

8　出自《论语·述而》，意为：我衰老得很厉害了，好久没有再梦见周公了。

制的全部规定。他说：

殷因于夏礼，所损益可知也；周因于殷礼，所损益可知也。其或继周者，虽百世可知也。[9]

认为三代礼制都有所损益，继周之后也会有所损益。《论语》又记：

子曰："麻冕，礼也；今也纯，俭，吾从众。拜下，礼也；今拜乎上，泰也。虽违众，吾从下。"[10]

说明孔子对于当时礼制发生的一些具体变化采取了不同的态度。但是，总体上看，对于当时的社会变革，孔子的态度是保守的。他全部思想行动的出发点和目标，是希望恢复西周的礼制，变天下无道为有道；他的思想不是促进变革，而是为了稳定，围绕着如何维持原有秩序的稳定这个中心。

一、政者正也

孔子治国的根本理念，是一个"正"字。

9　出自《论语·为政》，意为：殷朝继承了夏朝的礼法，所减少和所增加的是可以知道的；周朝继承了殷朝的礼法，所减少和所增加的也是可以知道的。将来如果有继承周朝的国家，就是一百世之久，（礼法增减的事）也是可以知道的。"

10　出自《论语·子罕》，意为：孔子说："用麻织帽子，这是礼的规定。现在改用黑丝，这比过去节省了，我也照大家的做法去做。见国君要先在堂下跪拜，这也是礼的规定。现在都到堂上拜，这是骄纵的表现，虽然和大家的做法不一样，我还是主张先在堂下拜。"

季康子问政于孔子。孔子对曰："政者正也。子帅以正，孰敢不正。"[11]

子路曰："卫君待子为政，子将奚先？"子曰："必也正名乎！"

齐景公问政于孔子。孔子对曰："君君、臣臣、父父、子子。"公曰："善哉！信如君不君，臣不臣，父不父，子不子，虽有粟，吾得而食诸？"[12]

当时社会动乱，礼崩乐坏，君臣父子的关系遭到破坏，天子大权旁落，不再能号令天下；诸侯国扩张势力，相互争夺；大夫僭越专权，陪臣执国命；子弑父、弟弑兄的事层出不穷。正名，就是针对这种"君不君，臣不臣，父不父，子不子"的情况提出的；就是要改变这种不正常状态，恢复"君君、臣臣、父父、子子"的秩序，使社会秩序归于正常。这也是孔子的基本目标。

《子罕》篇又有"子曰：'吾自卫反鲁，然后乐正，雅颂各得其所。'"，以各得其所释"正"。"正名"，"君君、臣臣、父父、子子"也就是要使君臣父子各得其所。程子说："万物庶事莫不各有其所，得其所则安，失其所则悖。圣人所以

11 见第一讲，注释21。

12 出自《论语·颜渊》，意为：齐景公向孔子问治国之道，孔子答道："君要行君道，臣要行臣道，父要行父道，子要行子道。"景公说："说得好呀！如果君不行君道，臣不行臣道，父不行父道，子不行子道，即使有粮食，我怎么能吃到呢？"

能使天下顺治，非能为物作则也，唯止于各于其所而已。"理正社会秩序，使各方各得其所。这是传统治国理政的根本理念。

孔子当时所追求的"君君、臣臣、父父、子子"的秩序，有其鲜明的时代内容，是为了恢复西周的礼乐制度。这个要求早已经被历史淘汰了。然而在正名的具体主张中包含的各得其所的思想，则有着重大的意义。承认差别的前提下和基础上求各得其所，指示了解决当代人类面临的危机的方向。今天我们深化改革，建设中国特色社会主义，以及外交上实行和平外交政策，促进世界的和平、发展，可以说也都是求"万物各于其所"。

二、为政以德

正名，恢复社会正常秩序，关键在正人。为达到"正"的目标，孔子主张为政以德。

子曰："为政以德，譬如北辰，居其所而众星共之。"[13]

子曰："道之以政，齐之以刑，民免而无耻；道之以德，齐之以礼，有耻且格。"[14]

13 出自《论语·为政》，意为：孔子说："以道德来处理政事，就可以像北极星那样，自己安居在自己的位置上，而别的星辰都围绕着它。"

14 见第一讲，注释18。

治国理政是依仗强力还是德教，是当时对立的治国主张。孔子用"免而无耻"与"有耻且格"八个字概括说明法制刑政与道德礼教的不同特点和功能：法制刑政依靠的是强制，它的作用是惩罚犯罪，使人不敢做坏事，却不能使人为善；道德礼教依靠的是教育和自觉，它的作用是使人知耻，不愿做坏事，预防犯罪。通过这样的比较，他论证了"为政以德"的正确和必要，强调以道德教化为治国的基础，把社会秩序的稳定建立在人们道德自觉的基础之上。恃德不恃力，是中国古代治国理政的重要传统。

"道之以德，齐之以礼"，是孔子"为政以德"思想的概括说明。道之以德是提高其道德自觉，齐之以礼是规范其言行举止。德是礼的内在精神基础，礼是德的外在表现和落实。德是灵魂，礼是形式。德和礼是统一不可分的两个方面，二者的结合、统一，构成孔子为政以德的思想。

正人中又有两方面：正人和正己。"正人先正己"，不只是对百姓进行道德教化，首先是要求在位者自身要正。

子曰："其身正，不令而行；其身不正，虽令

不从。" 15

子曰："苟正其身矣，于从政乎何有？不能正其身，如正人何？" 16

对百姓的教育是重要的，但身教重于言教；在位者不能以身作则，对百姓的教育就不会有效。

季康子患盗，问于孔子。孔子对曰："苟子之不欲，虽赏之不窃。" 17

季康子问政于孔子曰："如杀无道以就有道，何如？"孔子对曰："子为政，焉用杀？子欲善而民善矣。君子之德风，小人之德草，草上之风必偃。" 18

民风之正衰，在于君子之风。君子之风正，则民风正；君子之风不正，则民风衰。上梁不正下梁歪，在位者自身不正，下面的风气自然就歪。

如此可见，孔子有救世之志，而他救世的理念，为求天下之正。为政之要在正名，正名之本在正人，正人之本在正己，最后落到人的"正"。孔子、《论语》的中心思想，落到了为人之道，即做人的道理上。

由此，孔子十分重视教育，把教育看作为政

15　出自《论语·子路》，意为：孔子说："自身正了，不用发令百姓就会去做；自身不正，即使发布命令百姓也不会听从。"

16　出自《论语·子路》，意为：孔子说："如果能使自身正了，对于从政还有什么困难呢？不能正自身，怎么去正人呢？"

17　出自《论语·颜渊》，意为：季康子苦于盗贼太多，向孔子求教。孔子答道："如果你自己不贪求财货，即使你奖励他们，他们也不会去偷。"

18　出自《论语·颜渊》，意为：季康子向孔子问怎样治理政事，说："如果杀掉无道的人使人们成为好人，怎么样？"孔子答道："你治理政事，哪里用得着杀戮的手段呢？只要你想善，百姓就也会善。在位的人的品德好比风，在下的人的品德好比草。风加到草上，草一定会顺风倒下的。"

的一个重要方面。

> 或谓孔子曰："子奚不为政？"子曰："书云：
> '孝乎惟孝，友于兄弟。'施于有政，是亦为政，
> 奚其为为政？"[19]

一定程度上孔子对法制刑政有所忽视。

> 子曰："善人为邦百年，亦可以胜残去杀矣。
> 诚哉是言也。"[20]

> 子曰："听讼，吾犹人也。必也使无讼乎！"[21]

三、庶、富、教

> 子适卫，冉有仆。子曰："庶矣哉。"冉有曰：
> "既庶矣，又何加焉？"曰："富之。"曰："既富
> 矣，又何加焉？"曰："教之。"[22]

这是孔子的政治纲领，第一要使人口增长，第二要使人们富裕，第三要对人们进行道德教化。在当时地广人稀，生产力低下，物产匮乏的情况下，要富国强兵，抵御外来的侵犯，首先要增长人口，有足够的数量。这是一切有见识的政治家共同关心的问题。《墨子》说：

19　见第十三讲，注释 1。

20　出自《论语·子路》，意为：孔子说："善人治理国家一百年，也可以消除残暴，废除刑罚杀戮了。这话真对呀。"

21　出自《论语·颜渊》，意为：孔子说："审理诉讼案件，我同别人也一样。重要的是一定要做到没有诉讼案件才好。"

22　出自《论语·子路》，意为：孔子到卫国去，冉有给他赶车。孔子说："人口真多呀！"冉有说："人口已经够多了，还要再做什么呢？"孔子说："使他们富起来。"冉有说："富了以后又还要做些什么呢？"孔子说："对他们进行教化。"

天下贫，则从事乎富之；人民寡，则从事乎众之；众而乱，则从事乎治之。[23]

他提出的富、众、治三点，前两点与孔子所说富、庶相同，不同的是后面这一点，一个主张教，一个主张治。

在富和教的关系上，富在教之前，先富后教。《论语》里孔子对这一点没有进一步作具体的发挥。但是《论语》中有很多地方谈到对民生问题的重视和关心。

子曰："道千乘之国，敬事而信，节用而爱人，使民以时。"[24]

哀公问于有若曰："年饥，用不足，如之何？"有若对曰："盍彻乎？"曰："二，吾犹不足，如之何其彻也？"对曰："百姓足，君孰与不足？百姓不足，君孰与足？"[25]

鲁国遇到灾荒，国家的财政出现问题。哀公问有若怎么办，有若建议把田赋制度改一下，从征收十分之二的赋税改为收十分之一。哀公说，现在我都不够用，怎么你还要我减少到十分之一呢？有若回答说："百姓足，君孰与不足？百姓不

23 出自《墨子·节葬下》，意为：天下贫困，就应当设法使得人民富足。百姓稀少，就应当设法增加人口。人民混乱，就应当使其得到相应的治理。

24 出自《论语·学而》，意为：孔子说："治理拥有千辆兵车的国家，慎重于政事而守信于百姓，节省财用而爱护百姓，役使百姓按时（以免妨碍农务）。"

25 出自《论语·颜渊》，意为：鲁哀公问有若说："遭了饥荒，国家用度不足，怎么办呢？"有若回答说："何不实行彻法，只抽十分之一的田租呢？"哀公说："现在抽十分之二，我还不够，怎么能实行彻法呢？"有若回答说："百姓富足了，国君怎么会不够？百姓贫困，用度不够，国君又怎么会够呢？"

足，君孰与足？"如果老百姓富足了，你国君就不用发愁；如果百姓都不够用，你从哪里去征收呢？有子是着眼于让百姓能够富裕。民富国强，民富是国强的基础；只有百姓富足了，国家才能富强。

还有：

丘也闻，有国有家者，不患寡而患不均，不患贫而患不安。[26]

不患寡而患不均，不患贫而患不安，应该是**"不患贫而患不均，不患寡而患不安"**。"均"，一般人常常解释为平均，说孔子主张平均主义。其实未必如此。朱熹注说："谓各得其分。"董仲舒则解释说："孔子曰：不患贫而患不均。……大富则骄，大贫则忧；忧则为盗，骄则为暴，此众人之情也。圣者则于众人之情，见乱之所生，故其制人道而差上下也，使富者足以示贵而不至于骄，贫者足以养生而不至于忧。以此为度而调均之，是以财不匮而上下相安，故易治也。"（《春秋繁露·度制》）这些解释，都以为孔子所说的"均"不是平均，而是要调节各阶层的收入，使贫者富者都能"各得其分"，不至于过富和过贫，

26 出自《论语·季氏》，意为：我听说，对于诸侯和大夫，不怕贫穷，而怕财富不均；不怕人口少，而怕不安定。

以求社会的安定。也是体现了各得其所的意思。所以这一章的大意就是不怕财富不多，只怕分配不合理；不怕人口稀少，而怕境内不安。也反映了孔子关心民生的思想。

"百姓足，君孰与不足？百姓不足，君孰与足？""不患贫而患不均"的思想，对于今天也都有重要的借鉴意义。

四、民无信不立

子贡问政。子曰："足食，足兵，民信之矣。"子贡曰："必不得已而去，于斯三者何先？"曰："去兵。"子贡曰："必不得已而去，于斯二者何先？"曰："去食。自古皆有死，民无信不立。"²⁷

"足食，足兵，民信之矣"，足食，粮食很充足，或者经济很发达；足兵，有充足的军备；还有就是老百姓对国家或者对政府的信任。有前两条，百姓就信任政府了。如果迫不得已，三者必须去掉其一，先去哪条呢？孔子说去兵。如果迫不得已在剩下的足食和民信这两条中还要去一条，去哪个呢？孔子说"去食。自古皆有死，民

27 出自《论语·颜渊》，意为：子贡问怎样治理政事。孔子说："要使粮食充足，军备充足，百姓信任政府。"子贡说："如果不得不去掉一项，那么在这三项中先去哪一项呢？"孔子说："去掉军备。"子贡说："如果不得不再去掉一项，那么在剩下的两项中先去哪一项呢？"孔子说："去掉粮食。自古以来人总是要死的，没有了百姓的信任国家就不能存在。"

无信不立",主张去掉粮食。自古以来谁都免不了死亡,但是一定要保持民信;如果人民对国家没有信任,国家是不能立足的。

前面说要先富后教,而这里说在食和民信二者中先去食,这两章说的是不同的问题。第一,庶、富、教是说为政的次序。庶为第一要务;富与教之间,先富后教。民富,百姓无后顾之忧,才乐于接受教化;所以为政必先富后教。庶之,富之,教之乃为政的第三步骤。去食、去兵,民无信不立,则是讲的国家稳定的基础、根本何在。民信重于足食、足兵。民信为本,足食、足兵为末。前者所说是先后,后者所说在本末。第二,庶、富、教说的是正常情况下的安排,去兵、去食是在特殊情况下的处理。正常情况下,应守先后次序,按庶、富、教的次第施政;特殊情况下,则应以维护根本为要,宁可去兵、去食,不可失信。

这说明,当政者能否得到百姓的拥护,能否取得他们的信任,这是孔子最为关注的一件事情。

叶公问政。子曰:"**近者说,远者来**。"[28]

为政的目标是要取得百姓发自内心的拥护,

28 出自《论语·子路》,意为:叶公问怎样管理政事。孔子说:"使近处的人高兴,远方的人来归附。"

心悦诚服，自动来投奔。

**君子信而后劳其民，未信，则以为厉己
也。**[29]

取信于民是使用民力的基础和前提。

这反映了孔子的一个重要思想，即把政权
巩固的基础放在百姓的信任上。这也是儒家政治
思想中重要的一点。以后孟子提出得民心者得天
下，失民心者失天下；荀子提出**"君者，舟也；
庶人者，水也。水则载舟，水则覆舟"**的君民舟
水关系论，继承发挥了这一思想，形成了古代政
治思想中的一个传统。

"民无信不立"，"得民心者得天下"，一个政
权的巩固，最重要的不是靠足兵，即国防和军
事；也不是靠足食，即经济的发展；而是靠民
心，即得到百姓的拥护和信任。这个道理，已
经为古今中外全部历史所证明，是颠扑不破的
真理；是一切当权者必须时刻牢记在心，不可
须臾忽视和忘却的。

29 出自《论语·子张》，
意为：君子要取得信任之后
才去役使百姓，否则百姓就
会以为你是在虐害他们。

五、举贤才

孔子强调当政者要"帅以正",体现在用人政策上,就是主张"举贤才"。

哀公问曰:"何为则民服?"孔子对曰:"举直错诸枉,则民服;举枉错诸直,则民不服。"[30]

樊迟……问知。子曰:"知人。"樊迟未达。子曰:"举直错诸枉,能使枉者直。"樊迟退,见子夏曰:"乡也吾见于夫子而问知,子曰'举直错诸枉,能使枉者直',何谓也?"子夏曰:"富哉言乎!舜有天下,选于众,举皋陶,不仁者远矣。汤有天下,选于众,举伊尹,不仁者远矣。"[31]

举贤才,把正直的贤人提到高位上,能使不仁的人远去,能使不正直的人变得正直,这样才能使百姓服从;如果把不正直的人提到高位,坏人当道,百姓就不会服从。

孔子的弟子出仕做官,孔子也总是教导他们注意举贤才。

仲弓为季氏宰,问政。子曰:"先有司,赦小

30 出自《论语·为政》,意为:鲁哀公问:"怎样才能使百姓服从?"孔子答道:"把正直的人提拔起来放在邪曲的人之上,百姓就服从了;把邪曲的人提拔起来放在正直的人之上,百姓就不服了。"

31 出自《论语·颜渊》,意为:樊迟问什么是智,孔子说:"了解人。"樊迟没有理解。孔子说:"选拔正直的人,放到邪恶的人的地位之上,能够使邪恶的人归于正直。"樊迟退出来,见到子夏说:"我去见老师问他什么叫智,他说,'选拔正直的人,放到邪恶的人的地位之上,能使邪恶的人归于正直',这是什么意思?"子夏说:"涵义多么丰富的话呀!舜有了天下,在众人中挑选,把皋陶选拔出来,不仁的人就远去了;汤有了天下,在众人中挑选,把伊尹选拔出来,不仁的人就远去了。"

过，举贤才。"曰："焉知贤才而举之?"曰："举尔所知。尔所不知，人其舍诸?"[32]

子游为武城宰。子曰："女得人焉尔乎?"[33]

与当时宗法制度下普遍实行的贵族世袭、任人唯亲的制度相比，举贤才是一种进步的主张。在以后中国政治的发展中，一直有着两种传统：任人唯贤的传统和任人唯亲的传统。尽管在不同的时代人们对于"贤"与"不贤"有着不同的标准，任人唯贤也有着不同的内容，但任人唯贤仍不失为中国政治史中的优良传统。

君子之德风，小人之德草。任贤才不只体现在用人，也体现在对"官风""官德"的重视上。要求在上位者"帅以正"，做出表率。

孔子"政者正也""为政以德""庶、富、教""民无信不立""任贤才"的思想，反映出一种重要的治国理念：为政的目标是维护社会秩序的正常稳定，百姓的安定富足；治国的实质不是管制，更不是镇压，而是"正"；治国的手段主要不是强制，而是教化，恃德不恃力；社会的安定、国家的稳固，基础在人，在民心，不在物。这是一种以人为主体，立足于人的完善的思想。

32 出自《论语·子路》，意为：仲弓做了季氏的总管，询问总怎样管理政事。孔子说："先责成有司各负其责，赦免他们的小过错，选拔贤才来任职。"仲弓说："怎样才能知道谁是贤才而选拔他呢?"孔子说："选拔你所知道的。你所不知道的，别人难道会丢弃他们吗?"

33 出自《论语·雍也》，意为：子游做了武城的长官，孔子说："你在那里求得人才了吗?"

它从人出发，为了人的完善；又依靠人的完善，把治国平天下的希望建立在人们"有耻且格"的基础之上。这是真正以人为本的思想。

同时，这也是整个儒学的核心思想。全部儒学，它的出发点和终极目标都在于人的提高和完善。正如《大学》所概括的：

自天子以至于庶人，壹是皆以修身为本。

孔子、儒家这一思想，指出了人类社会发展的基础和根本途径。人的发展是一切发展的基础；世间一切问题，都在于人；一切问题的解决，归根到底是在于人自身的提高和完善。在这一思想影响下，在中国和广大儒学文化圈，培育形成了重教育、重道德的优良传统，对这一地区社会文化发展起了深远的影响。这个道理也不断为人类文明发展的历史所证实，愈来愈为人们所认识。当今人类所面临的重大问题，如和平、环境、气候、金融危机，以及疫病、贪腐、自杀等，究其根源，无不在于人的贪婪、自私、放任……"政者正也""为政以德"的思想，对于人类持续长远的发展无疑有着特殊的意义。

或有人质疑：此等理念不现实。一切取决于

人的自觉，道理很对，但现实中自觉的能有几人？所以靠自觉只是理想，实际还是没有用。此话不无道理。人类社会，距离人人自觉还很远。但孔子关于法制刑政与道德礼教所作"免而无耻"与"有耻且格"的比较和评论，是基本正确的，并且包含有极高的智慧。就如反贪腐，也有让人不敢、不能和不愿三种可能的情况。用法制手段严厉制裁，只能使人不敢；制度改革和完善，也只能使人不能；根本的解决是提高人们的自觉，使人们不愿。但治本的目标不可能一步达到，改善只能从治标入手。《大学》：**"物有本末，事有终始。知所先后，则近道矣。"**这里需要的正是传统关于认识和处理本末终始的智慧。

孔子治国理念的具体内容，对于今天也有重要的借鉴意义。在今天的法制建设和执法中，从制度、政策的设计、制定，到行政执法、日常管理，都有一个指导思想或理念的问题。是着眼于人的完善提高，还是着眼于工作任务的完成或政绩？是着眼于教，还是着眼于管？从根本上说，是以人为本，还是以权为本？学习、继承孔子执政理念的精华，用于现实，就是在法制建设和执法管理中，要树立以人为本的理念。执法、行政是为人，为民，为了人的提高和完善，而不是行使权力，为完成任务创造政绩。为政的本质是教，是引导，而不是管，不是强制。现实生活中所见如"钓鱼执法"、强制拆迁、城管滥用权力甚至打人致死等种种现象，从思想根源上说，都与相关人员的执法理念有关。真正建立"政者，正也"的观念，对于健全民主法制、维护社会稳定，实有极重要的意义。

2015 年 6 月 4 日

2015 年 7 月 15 日

2016 年 11 月 24 日

补注：

3. 出自《论语·八佾》，意为：孔子评论季氏："在自己家庙的庭中使用六十四人的舞列，如果这样的事都可以容忍，还有什么事不可以容忍呢？"

28. 出自《论语·子路》，意为：叶公询问政事。孔子说："使近处的人高兴，远方的人来归附。"

30. 出自《论语·为政》，意为：鲁哀公问："怎样才能使百姓服从？"孔子答道："选用正直的人，废弃众多不正直的人，那么百姓就服从了；选用不正直的人，废弃众多正直的人，那么百姓就不服了。"

32. 出自《论语·子路》，意为：仲弓做了季氏的总管，询问政事。孔子说："先任用官吏更加以整顿，宽恕他们的小过错，选拔贤才来任职。"仲弓说："怎样才能知道谁是贤才而选拔他呢？"孔子说："选拔你所知道的。你所不知道的，别人难道会丢弃他们吗？"

关于读《论语》的方法

现在读《论语》的人愈来愈多了。这里我想说一说关于读《论语》的方法的一些想法。所说的内容，有的是先贤说过的。他们所说虽是针对当时的时弊，对今天却也还有所启发。有的是自己读的过程中的体会。一并写下，供读者参考。

一、吃紧为人

《论语》的中心思想是讲做人的道理。我们读《论语》，首先和根本的，是学做人。钱穆先生说：

> 诸位莫问自己所研究者为何，皆应一读《论语》，懂得"吃紧为人"。即是要在做人一事上扣紧。中国传统义理重要正在讲"人"。此则并非一项理论，成不成系统，合不合逻辑，或仅是一种知识。一部《论语》，重要教人并不在知识或理论上。（钱穆：《孔子与论语·再劝读论语并论读法》）

朱熹《论语集注》引程子谈读《论语》：

> 程子曰："今人不会读书。如读《论语》，未读时是此等人，读了后又只是此等人，便是不曾读。"（朱熹《论语集注》引程子谈读《论语》）

我们今天也应以这样的态度读《论语》，以这样的标准衡量读《论语》的成绩。

二、不先立论

这是朱熹提出来的。他说：

某所以读书自觉得力者，只是不先立论。

不先立论，就是不要拿自己已有的观念来解释和理解《论语》。读《论语》前我们已经读过不少书，接触到许多不同的思想、理论，头脑里不是一片空白，难免会以先入之见来看《论语》，影响了我们了解《论语》的原意。不先立论就是告诉我们，要先把自己这些已有的观念放一放，虚心地去读、去体会，自觉地避免先入之见的干扰。

他批评当时一般学者，不虚心仔细体会孔孟经典的原意，只是依着自己的想法去解释经典，硬把自己的意思说成是经典的原意，实际只是用经典来印证自己的观点。他说：

诸儒不仔细读得圣人之书，晓得圣人之旨，只是自说他一副当道理。说得却也好看，只是非

圣人之意，硬将圣人经旨说从他道理上来。……他本要自说他一样道理，又恐不见信于人，偶然窥见圣人说处与己意合，便从头如此解将去，更不仔细虚心看圣人所说是如何。……只是将圣人经书拖带印证己之所说而已。（以上朱熹语，转引自钱穆：《朱子新学案·朱子之四书学》）

这种现象，今天也还常见，应引为警惕。他还说：

读《论语》，如无《孟子》；读前一段，如无后一段。（《朱子语类·卷十九》）

读《论语》，就从《论语》本文来理解，不要拿《孟子》思想来解释。读哪一章，就从哪一章来理解，不把后面的内容拿来解释。这也是强调"不先立论"的意思。钱穆先生说：

朱子教人读《论语》应专管《论语》，且莫问《孟子》《中庸》，千万不要牵合他说强通为一。此是朱子教人读书极关重要之一项，学者最当注意。（钱穆：《再谈论语新解》）

举一个例子。《论语》有一章说"性相近也，习相远也"。读到这一章，有人就会问，孔子是主张性善还是性恶？这就是拿了自己对人性善恶问题讨论的已有认识来看《论语》。其实不仅孔子没有谈到这个问题，在中国思想的发展过程中，这个问题当时根本就没有提出，所以这样的问题是没有意义的。重要的是，联系当时的时代背景，联系孔子《论语》思想的整体，来看《论语》这一章在孔子的思想体系中是什么地位，有什么意义。

不先立论，特别要注意的一点是不要以西方现代的观念去理解和解释。近代以来，西学传入，国学的研究和发展，进入中西会通的阶段。今日世界更进入经济全球化，人类共处于地球村的时代，不同文化的交流、碰撞日益频繁和加剧。会通中西，吸取他文化的精华，丰富发展国学，是当务之急，愈来愈受到学者的关注。认清时代的潮流，关注中西比较和会通，是必须的，然而须知这样做的基础是对中华文化的特质和中西文化的差异要有深刻的了解。特别对于初学者来说，不注意了解中华文化的特质和中西文化的差异，急于作中西比较和会通，实际上就会不自觉地以西方文化的思维方式和观念来理解《论语》，而不能真正理解《论语》和中华文化。这是需要特别提出引起注意的。

三、要联系日常社会人生和自己切身经验和问题来体会理解

朱熹说，《论语》的特点是"就切实做工夫处教人"，讲的都是"切己可行之事"。读的时候要联系自己的日常生活、切身体验来体会理解，力求了解这些概念、道理的实际内容。避免抽象的概念化的思维方法，切忌只求高深玄妙，从观念到观念作空洞的演绎。尤其是《论语》中许多内容讲的是孔子自身的体会。这些内容只从理论上理解，不可能真正体会。所以读《论语》不能停留在文字、理论、道理上，更要联系现实社会人生，从自己的切身感受，用心去体会。

四、从《论语》本身了解孔子思想

中西文化不仅在宇宙观、思维方式上有根本的差异，在表达方法上也有很大的差别，读《论语》时不可不加以注意。钱穆先生说：

中国思想，其从入之途及其表达方法，总与西方的有不同。西方一位大哲学家的思想，总见其有线索，有条理，有组织。他们提出一问题，关于其所用的名辞与观念，必先有一番明确的界说。他们讨论此问题，千回百折，必有一项明确的结论。读中国书便不然。若我们依着研究西方哲学的心习来向《论语》中寻求，往往会失望。

我们把研究西方人哲学思想的头脑来研究《论语》，每易于《论语》中提出许多不成问题的问题来，主要在于中西双方思想从入之途不同，因而其表达方法也不同。读《论语》，应该依照孔子的思路来读，才能于孔子有了解。孔子思想的表达方法，也即在《论语》里明白可见。因此我们只该从《论语》本书来了解孔子思想，不该先自缚在西方哲学之格套中来寻求。（钱穆：《漫谈论语新解》）

《论语》是一部语录体的书，孔子与弟子的对话，都是在一定的语境下，针对对象的特点而发，多不是对某个问题的全面阐述和说明。《论语》的这一特点，读《论语》时也不可不加以注意。

常见有人提问，仁、义、礼等的定义是什

么？或要整理《论语》的"公理体系"，便是忽略了《论语》的特点，拿西方学术的思维方式来看《论语》的具体例证。这样的问题，实际上是得不到答案的。

五、逐字逐句求解，读一章得一章之益

要求《论语》本意，基本的方法是逐句逐章地读，逐句逐章地求确解。

读《论语》贵于读一章即得一章之益。……逐字逐句求解，解得一句，即明白得此一句之义理，即可有此一句之受用。若解释得多了，凡属《论语》论仁处，我都解得了；《论语》不提到仁字处，我亦解得了；孔子论仁论道的真意义，我自然也解得了。此是一"会通"之学。义理在分别处，亦在会通处。会通即是会通其所分别。若《论语》各章各节，一句一字，不去理会求确解，专拈几个重要字面，写出几个大题目，如"孔子论仁""孔子论道"之类，随便引申发挥；这只发挥了自己意见，并不会使自己真了解《论语》，亦不会使自己对《论语》一书有真实的受用。那

是自欺欺人，又何必呢？

读《论语》，可以分散读，即一章一章地读；又可以跳着读，即先读自己懂得的，不懂的，且放一旁。你若要精读深读，仍该如此读，把每一章各别分散开来，逐字逐句，用考据、训诂、校勘乃及文章之神理气味、格律声色，面面俱到地逐一分求，会通合求。明得一字是一字，明得一句是一句，明得一章是一章。且莫先横梗着一番大道理、一项大题目在胸中，认为不值得如此细碎去理会。（钱穆:《孔子与论语·孔子诞辰劝人读论语并及论语之读法》）

这里他说的"先横梗着一番大道理、一项大题目在胸中"，"《论语》各章各节，一句一字，不去理会求确解，专拈几个重要字面，写出几个大题目，如'孔子论仁''孔子论道'之类，随便引申发挥"，是当前许多读者的通病，值得引起注意。

六、不要忽略具体的人和事

《论语》的中心思想是讲做人，它不是光讲

道理，许多地方是通过具体的人和事来讲。读《论语》不能只注意直接讲到思想的部分，而忽略讲具体人和事的部分。

　　全部《论语》，多是在讲具体的实人和实事。若忽略了《论语》中所讨论到的具体的实人实事，则全部《论语》所剩无几。……抽离了具体的人和事，超越了具体的人和事，凭空来讨论思索，那便近于西方哲学思想的格套。……我们若明白此意来读《论语》，自应更多注意到《论语》中所提到的许多具体的人和事，却不应凭空思索去求了解。因此讲求孔子思想，不宜脱离人事。

　　既然孔子的思想和义理，都扣紧在人事上，因此读《论语》，也并不能专注意"仁"字、"礼"字等许多字眼。换言之，《论语》中凡牵涉到具体人和事的，都有义理寓乎其间，都是孔子思想之着精神处。要懂得如此平铺用心，逐章逐句去读《论语》之全部，才见孔子思想也有线索，有条理，有系统，有组织，只是其线索、条理、系统、组织与西方哲学有不同。（钱穆：《孔子与论语·孔子诞辰劝人读论语并及论语之读法》）

七、注意读注

读懂《论语》，要有三步：识字，古代字词与现代多有不同。首先要正确认识字词，包括读音和字义。其次要读懂古汉语文意，知所说的内容。然后才能理解体悟经典文字所含的思想、精神。要做到这些，考据、义理、词章三个方面缺一不可。专业学者，要具备训诂、考据等基本知识和功夫，一般读者要充分利用前人的成果，注意读注。

《论语》一书历代注释很多。钱穆先生介绍了三部：何晏的《集解》、朱熹的《集注》、刘宝楠的《论语正义》。他说："普通读《论语》都读朱注，若要深读精读，读了朱注，最好能读何晏所集的古注，然后再读刘宝楠的清儒注，不读何刘两家注，不知朱注错误处，亦将不知朱注之精善处。"

要注意不同的注。朱熹说："诸家有异同处最可观，谓如甲说如此，且捋扯住甲，穷尽其词；乙说如此，且捋扯住乙，穷尽其词。两家之说既尽，又参考而穷究之，必有一真是者出矣。"

钱穆先生说："从来解说《论语》者多矣，几于每字、每句、每章必有异说。每有异说，亦多在两三说以上。惟学者治异说，切戒有好异心，切戒有好胜心。贵能平心静气，以实事求是之心读之。每得一异说，与文理文气上孰当孰否？于考据训诂上孰得孰失？与义理阐发上孰精孰粗？贵能细心寻求。《论语》本文，若平淡易简；然学者能循此求之，一说之外复有一说，众说纷纭，而各有所见，亦各有所据。正在此等处，可以长聪明，开思悟，闻见日广，识虑日精。"这里面特别讲了一点："在此许多异解中，我们不当批评其孰是孰非，孰好孰不好，而只当看其孰者与《论语》原文本义相合。此处却不论义理，只论考据。"

八、要能温故知新

读《论语》还要能温故知新，在理解经典本义的基础上开发新知。"温故知新"是文化、思想发展的规律。任何一种思想、理论、学说，都是在前人已有成果的基础上发展的。温故，了解把握旧知，是认识发展的起点和基础。然而，不能停留在故知上。时代发展，不断出现新情况、新问题。这些新情况、新问题，过去没有出现过，经典上没有说过。如果读经典只能固守原意，不能开发新知，不能适应新情况，回答新问题，这样的知识不仅无用，而且失去了生命力，本身也会逐步走向衰微灭绝。这就是说，读《论语》，对《论语》的思想内容也要能进行创新性的转化和创造性的发展。而这种创新、创造，又都是以温故、了解和继承经典的基本精神为基础。不学习了解经典原意，离开传统文化经典基本精神谈创新、创造，就是无根之木、无源之水，没有生命力。

最后，向大家推荐一本书：钱穆著《劝读论语和论语读法》，商务印书馆 2014 年出版。

2018 年 1 月 5 日